리스트 습관

리스트 습관

LIST!
LIST!
LIST!
LIST!

쓰는 대로 이루어진다

폴라 리조 지음 · **곽소영** 옮김

이아소

들어가며

안녕하세요? 저의 이름은 폴라 리조입니다. 저는 엄청난 리스트광입니다. Dictionary.com에서는 리스트광이란 "목록을 만드는 데 열심인 사람"이라 설명하고, 백과사전 Encyclo.co.uk는 "비정상적으로 목록 만들기에 열광하는 상태"라 정의합니다. 네, 그렇습니다. 저는 리스트 만들기에 중독되어 있습니다.

남들보다 스트레스를 덜 받는 편인데, 이것이 다 리스트 만들기 덕분입니다. 물론 리스트에 있는 모든 것을 해낼 수 있는가 하는 불안감은 있지만 저 나름의 요령과 방식을 찾았습니다.

뉴욕에서 방송국 프로듀서로 활동하며 늘 마감 시간에 쫓기는 와중에도 에미상을 수상한 비결은 리스트를 만드는 습관이었습니다. 리스트를 활용한 덕분에 직장에서 훨씬 더 많은 일을 처리할 수 있었고, 해외 결혼식을 직접 기획했으며, 이사할 아파트를 찾아냈습니다. 그러니 제 삶의 모든 일에 리스트를 작성한 셈이죠.

제가 만드는 리스트는 이런 것입니다.

- ☑ 해야 할 일
- ☑ 가야 할 곳
- ☑ 스토리 구상
- ☑ 시도해보고 싶은 앱
- ☑ 좋아하는 레스토랑
- ☑ 읽을 책
- ☑ 행사 계획

리스트는 끝이 없습니다. 심지어 다소 까다로운 상황, 예컨대 사야 할 속옷이나 사람들에게 던지는 농담 등도 리스트로 만들어둡니다. 가능한 한 모든 상황을 준비해두면 한결 효율적으로 일을 진행할 수 있다는 것을 깨달았죠. 물론 모든 사람이 저처럼 리스트 만들기에 강박적이지는 않습니다. 그것이 바로 이 책을 쓰는 이유입니다. 리스트 만들기는 복잡다단한 세상사에 휘둘리지 않고 자신의 목표에 집중할 수 있게 여러분을 도와줄 것입니다.

나를 좌절하게 만든 경험

저는 늘 변화를 두려워했습니다. 잘할 수 있는 것에만 집착했기 때문에 어릴 적 학년이 바뀌어 새로운 선생님을 만난다거나 다른 자리로 옮기는 것이 대단히 싫었습니다.

남편 제이가 퀸스의 포리스트힐스를 떠나 뉴욕 맨해튼으로 이사해야겠다는 말을 꺼냈을 때도 역시 늘 그러하듯 불평하고 반대했습니다. '왜 새 아파트가 필요하지? 지금 사는 집도 좋은데!' 변화는 두렵고 결과를 알 수 없기 때문에 힘들기 마련입니다.

어퍼이스트사이드, 미드타운 이스트, 소호, 파이낸셜 디스트릭트, 이스트 빌리지, 그래머시, 갈 수 있는 지역은 엄청나게 많지만 시간은 촉박했습니다. 우리는 맨해튼에 있는 각 지역마다 살 만한 아파트를 찾기 위해 돌아다녀야 했지요. 하지만 포리스트힐스로 돌아오는 에프 트레인F train 열차에서 내릴 때는 그렇게 수없이 봐온 아파트의 붙박이장이 몇 개였는지, 에어컨이 있었는지, 심지어 몇 층이었는지조차 완전히 까먹었습니다!

집을 구하는 문제에선 리스트가 다소 믿음직스럽지 않았습니다. 리스트에는 사진이 없고, 집 도면을 표현할 수도 없지요. 주의 집중을 잘하는 편이지만, 집 구하는 일은 차원이 달라서인지 완전히 질리고 말았습니다. 그 이유를 깨닫기 전까지, 이런 상황이 제겐 엄청난 충격이었습니다.

리스트가 있으면 헤매지 않는다

저는 이 상황에서 제게 가장 잘 맞는 방식, 즉 리스트를 작성하는 습관을 따르지 않았습니다. 몇 차례의 좌절과 실망을 경험한 뒤, 마침내 직장에서 일할 때와 마찬가지로 리스트를 만들어야겠다고 결심했습니다. 대도시 뉴욕에서 방송과 웹 프로듀서를 겸업하느라 저는 스튜디오나 현장에서 엄청나게 다양한 일을 처리합니다. 프로그램 아이디어를 고민하고, 인터뷰를 하고, 게스트의 스케줄을 조율하고, 앵커를 준비시키고, 시간을 배분하는 문제까지, 이루 다 셀 수 없을 정도지요. 일을 수월하게 진행할 수 있도록 도와준 방법과 기술을 적용하면 최고의 집을 구하는 것도 문제가 없으리라는 사실을 깨달았습니다.

여러 가지 일을 진행할 때는 마음의 준비를 위해 리스트나 체크 리스트, 요약본 등을 활용합니다. 그래서 아파트를 구할 때 주의해야 할 모든 것을 체크 리스트로 만들어보았습니다.

주소 · 층 · 전망 · 나무 바닥인가 카펫 바닥인가 · 수납장 개수 · 평면적 · 침실과 욕실 개수 · 식기세척기 · 세탁실 · 도어맨 서비스……

이 체크 리스트는 집을 보러 갈 때마다 중요 골자가 되었습니다. 남편과 저는 집을 둘러보면서 이 체크 리스트를 참고로 질문을 했습니다. 이런 식으로 하면 우리가 주목해야 할 것에 집중할 수 있기 때문에, 구매 결정에 필요한 정보를 모두 얻을 수 있었습니다.

프로듀서처럼 생각하라

일할 때 쓰는 촬영 시트처럼 집을 구할 때 이용한 이 로드맵은 그 집 현관문을 나서기 전에 주목해야 할 것과 정확히 알아야 할 것이 무엇인지 집중하게 해주었습니다. 현장에 촬영을 나갈 때면 언제나 질문해야 할 것과 영상으로 찍어야 할 내용을 목록으로 작성해 들고 갑니다.

그러기 위해 현장 취재 전날 책상에 앉아 인터뷰 전 과정을 머릿속에 그려봅니다. 어떻게 진행할지 눈으로 보듯 머릿속으로 정확히 연출합니다. 예를 들어 먼저 의사와 인터뷰를 하고, 환자와 의사가 모두 나오는 검사 장면을 찍고, 그런 다음 환자를 인터뷰합니다.

그리고 작업의 목적을 숙고한 뒤 의사와 환자에게 질문해야 할 내용을 리스트로 적어 내려갑니다. 이렇게 하면 어떤 것도 빠뜨리거나 놓치지 않지요.

늘 이렇게 사전 준비를 철저히 하면, 촬영 분량이 아무리 많아도 전혀 문제가 되지 않습니다. 현장에서는 늘 돌발적인 문제가 발생할 수 있기 때문에, 우왕좌왕하면 손해가 이만저만이 아닙니다. 결정적 장면을 찍지 못하고 돌아오는 것은 방송에서 최악이라 할 수 있습니다. 편집자가 아무리 편집의 신이라 해도 중요한 행위를 수행하는 의사를 찍지 못하면 그 뉴스는 핵심 내용이 빠진 껍데기에 불과합니다.

실제 촬영에 들어갔을 때 모든 것이 계획대로 돌아가는 것은 아닙니다. 인터뷰 도중 의사가 환자를 보기 위해 자리를 뜰 수도 있고, 응

급 상황이 벌어질 수도 있지요. 하지만 체크 리스트가 있으니 어디에서 인터뷰가 끊어졌는지, 더 필요한 장면은 없는지 정확히 파악할 수 있습니다.

남편과 저는 집으로 돌아와서 앞서 둘러본 아파트의 체크 리스트를 모두 펼쳐놓고 비교해보았습니다. 이렇게 해서 이스트 빌리지에 있는 멋진 아파트를 찾을 수 있었고, 그곳에서 매우 만족스러운 4년을 보냈습니다.

여러 사람이 탐낸 체크 리스트

이사 온 지 한 달쯤 됐을 때 친구가 새 아파트를 구하게 되었습니다. 그 친구는 새집을 주먹구구식으로 구하다 보니 많이 지친다고 호소하며 '네가 쓴 그 리스트'를 달라고 요청했습니다. 그래서 '아파트 찾기 체크 리스트'를 건넸고, 친구 역시 좋은 아파트를 찾는 데 큰 도움을 받았습니다. 심지어 중개업자까지 그 체크 리스트를 보고는 복사하고 싶다고 탐냈답니다. 중개업자는 이것이 무척 훌륭한 아이디어여서 고객에게 나눠 주면 중요한 부분에 집중하고 필요한 질문을 놓치지 않도록 도와줄 것이라 했답니다. 친구는 "내 생각엔 이 리스트로 네가 뭔가 할 수 있을 것 같아"라고 내게 말했습니다.

그렇게 해서 2011년 4월 ListProducer.com을 시작하게 되었습니다. 이곳에선 제가 만든 리스트뿐 아니라 여러 분야의 전문가에게 얻은 아이디어와 기술을 공유합니다. 제가 이름 붙인 '리스트 활용 사고

Listful Thinking'는 인생 전반에 적용되며 모든 상황에 활약합니다. 제가 이 사이트를 운영하는 이유는 무슨 일에서든 스트레스를 덜 받고 더 효율적이며, 나아가 한층 생산적으로 생활할 수 있도록 모두를 도와주고 싶기 때문입니다.

이 책을 통해 얻을 수 있는 것

이 책은 여러분에게 다음과 같은 도움을 줄 수 있습니다.

- 직장과 가정에서 더 효율적이고 생산적으로 생활한다.
- 새로운 전략을 제공하고, 잘못된 리스트 작성 습관을 고친다.
- 진심으로 하고 싶은 일에 집중하는 시간을 만들어준다.
- 당신이 모든 일에 관여하느라 시간을 낭비하지 않도록 아웃소싱하는 방법을 알려준다.
- 정리 정돈을 잘할 수 있게 도와주는 앱, 서비스, 인터넷 사이트를 소개해준다.
- 더 많은 여유 덕분에 당신은 더 좋은 선물을 고르고, 더 멋진 모임에 나가고, 사람들과 더 잘 어울릴 수 있다.
- 스트레스를 덜 받는다.

목표를 설정하라

이는 인생에 매우 중요한 부분입니다. 그럼 준비하시고 숨을 크게 쉬어보세요. 우선 리스트 만들기의 첫 번째 과제를 해보세요. 이 책을 통해 얻고 싶은 것 3가지를 리스트로 만들어보는 것입니다. 어떤 내용이라도 상관없습니다. 앞에서 언급한 내용일 수도 있고 예를 들어 '체계적인 사람이 된다' 같은 것도 좋습니다. 이 책의 한 장 한 장이 바로 그 목표에 이르는 방법을 알려줄 것입니다.

차례

① 인생을 바꾼 리스트의 기적

② 꿈을 이뤄주는 리스트의 모든 것

3 실전! 맞춤형 리스트 만들기

4 활용하면 성공한다

5 집안일도 리스트를 만들면 척척

6 리스트로 인간관계 관리하기

7 자유의 날개를 달아주는 아웃소싱!

8 손안의 똑똑한 비서, 디지털 200% 활용하기

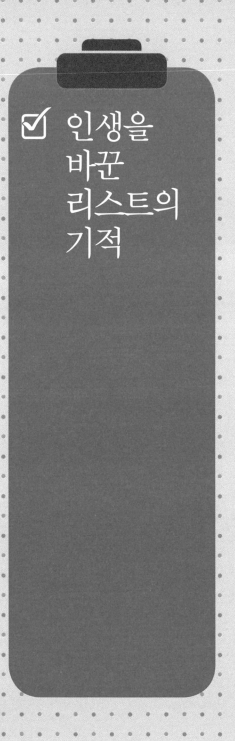

인생을
바꾼
리스트의
기적

1

내 인생을 돌려줘

마돈나, 마사 스튜어트, 존 레넌, 엘런 디제너러스, 벤 프랭클린, 로널드 레이건, 레오나르도 다빈치, 토머스 에디슨, 조니 캐시……. 이들의 공통점은 무엇일까?

모두 하나같이 리스트 만들기를 즐긴 사람들이다. 많은 CEO와 이름난 기업가를 포함해 성공한 사람들은 자신의 아이디어와 생각, 해야 할 일을 놓치지 않기 위해 리스트를 만들어 사용한다.

구직 사이트 링크드인LinkedIn.com의 최근 조사에 따르면 전문가의 63%가 투두 리스트To-do List를 일상적으로 만든다고 한다. 물론 그들이 리스트를 제대로 활용하는지 여부는 별개 문제이다. 사실 같은 보고서에서 리스트를 만드는 사람의 11%만 일주일 동안 리스트에 적힌 일을 완수했다는 내용을 함께 보고했다.

우리가 평생 절대 넉넉히 가질 수 없는 것이 바로 시간이다. 직장, 가정, 사회에서 셀 수 없을 정도로 많은 일을 처리하기 위해 있는 힘을 다 짜낸다. 일을 마쳐야 하는 날짜까지 넉넉히 시간을 낸다는 것은 거의 신기루에 가깝다. 하루 동안 폭풍처럼 모든 일을 다 처리하고 여기에 잠시 한숨 돌릴 짬까지 얻으려 한다면 그야말로 몸부림을 쳐야 한다. 스트레스 받으며, 지나치게 오래 일하고, 기진맥진한 것이 이제는 당연한 일처럼 되어버렸다.

가족 및 근로 문제 연구소Family and Work Institute의 조사에 따르면 미국 직장인 중 절반 이상이 일에 지쳐 있다고 답변했다고 한다. '해야 할 일'은 계속 늘어만 간다. 예를 들어 단 하루 동안에도 이런 일이 줄줄이 닥쳐온다.

- ☑ 직장에서 프로젝트 완수하기
- ☑ 아이들 학원 데려다주기
- ☑ 창고 청소하기
- ☑ 새 직장 알아보기
- ☑ 휴가 계획 짜기
- ☑ 친구와 만나서 한잔하기
- ☑ 저녁 식사 준비하기 등

성공하고 싶으면 잘게 나눠 실천하라

성공하고 싶다, 돈을 많이 벌고 싶다, 행복하고 싶다, 건강하고 싶다……. 많은 이의 한결같은 바람이지만 여전히 이뤄낸 것 같지는 않다. 운이 나빠서, 너무 바빠서 혹은 가진 게 없어서라며 불평의 목소리만 높다. 하지만 단지 종이 한 장만 있으면(또는 앱을 사용하면) 우리의 삶을 간단히 바꿀 수 있다. 너무나 쉬운 일이기 때문에 누구나 할 수 있다.

인생의 모든 영역에서 성공을 위해 필요한 것은 '희망적 관측Wishful Thinking'이 아니라 '리스트 활용 사고Listful Thinking'다. 잠시 몇 마디 적는 것만으로 누구나 리스트 활용 사고가 작동하기 시작한다.

자, 이제 방법을 알아보자. 잘 만든 리스트의 잠재력은 막강하다. 일단 목표를 적는 순간 즉각적으로 책임감이 생긴다. 목표가 마트에서

달걀을 사는 것이든, 아니면 책을 쓰는 것이든 간에 기본 의도는 같다. 바로 하고 싶은 것을 이루는 것이다(자신이 쓴 리스트의 어느 항목 옆에 해냈다는 표시를 하는 것이기도 하다).

당신이 늘 쳇바퀴 돌듯 똑같은 일상을 반복하며 산다고 느끼는 54%의 부류에 속한다면 여기 솔깃할 유용한 정보가 있다. 더 이상 언제까지나 그런 식으로 살 필요가 없다. 쉴 수 있는 시간, 좋은 책을 읽을 시간, 진짜 좋아하는 일을 즐길 시간은 얼마든지 있다. 리스트 활용 사고를 익히면 삶을 돌려받을 수 있다. 어떤 목표든 큰 덩어리에 덤벼드는 것은 어렵지만, 한 입 크기로 작게 나누면 훨씬 쉽다는 사실을 명심하자.

해야 할 일을 관리하고, 계획을 실천하고, 문제를 풀며, 또 현재 당면한 모든 과제까지 리스트를 만들면 한결 쉬워진다. 이제 다음의 방법을 알려줄 것이다.

- ☑ 더 많은 일을 할 수 있게 도와줄 리스트 작성법
- ☑ 시간 절약법
- ☑ 계획적인 인간이 되는 방법
- ☑ 더 생산적으로 생활하는 방법
- ☑ 돈을 절약하는 방법
- ☑ 스트레스를 줄이는 방법
- ☑ 직장과 가정에서 성공하는 방법

모든 일의 시작

리스트를 만들면 목표를 이루는 데 도움이 될 뿐 아니라, 스트레스가 줄고, 생활에 균형이 잡히며, 시간에 쫓기지 않는다. 누구나 먼 여행지에 도착해서 칫솔을 가져오지 않은 걸 깨닫거나, 검정 바지를 사러 나갔는데 정작 집에 돌아와보니 검정 바지가 쏙 빠져 있는 경험을 떠올릴 수 있을 것이다.

만약 어딘가에 적어두었더라면 이런 어처구니없는 실수는 없었을 것이다(물론 적어놓아도 잊어버릴 수 있다. 그러나 종이에 적어놓는 편이 실수를 덜하는 것은 분명하다). 리스트는 스트레스를 완화하고, 목표 달성을 도우며, 삶을 구원해줄 것이다. 또 어떤 상황에든 이미 완벽하게 대비하였으므로 시간과 돈도 절약할 수 있다.

당신이 과거 리스트를 만들어보지 않았던 사람이든 만들었던 사람이든, 빈틈없는 사람이든 정신없는 사람이든 상관없이 이 단순하고 원초적인 수단은 큰 효과를 가져다줄 것이다.

철저히 준비하는 것, 깊이 생각하는 것, 바로 이것이 핵심이다.

● 알고 있나요? ●

유명한 리스트 마니아, 마돈나

마돈나는 리무진 안에서나 공연 사이사이, 업무를 처리하는 중간에도 계속 리스트를 적는 것으로 유명하다. 마돈나의 체크 리스트는 해야 할 일뿐 아니라 쇼핑할 것, 약속, 만나야 할 사람 등 엄청나게 다양하다고 하는데, 놀랍게도 이것이 무려 수천 달러에 경매된다고 한다!

믿는 대로 이루어진다

"믿는 대로 이루어진다."

오랫동안 이 말은 내 삶의 모토였다. 그런 의미에서 오프라 윈프리에게 감사의 말을 전한다. 나는 그녀의 쇼를 열렬하게 챙겨 보는 시청자였다. 13세에 『오프라 윈프리 쇼』에 완전히 빠져 있었고, 용기를 내 나의 영웅에게 편지까지 썼다. 그런데 얼마 후 사인이 들어 있는 사진과 함께 오프라의 공식 이름이 찍힌 편지지에 답장이 왔다.

그 답장에서 "너의 질문에 모두 답해줄 시간은 없지만"이라는 부분을 특히 좋아한다. 호기심 많은 어린 기자답게 얼마나 많은 질문을 그녀에게 쏟아냈을까.

어쨌든 "믿는 대로 된다"는 원래 시인이자 소설가인 마야 안젤루

Maya Angelou가 한 말이지만, 오프라가 즐겨 인용해 널리 유명해졌다. 그리고 지금까지 내가 가장 좋아하는 인생의 교훈이기도 하다. 이 말은 사실이다. 믿으면 그렇게 될 수 있다!

일단 무언가 결심이 서면 그 길을 그대로 따라가는 것은 쉽다. 이로써 당신은

- ☑ 책임감이 생긴다
- ☑ 동기가 유발된다
- ☑ 목표를 더 자주 되새기게 된다

무언가를 적어두는 것은 일반적으로 생각하는 것 이상으로 막강한 힘을 발휘한다. 캘리포니아 도미니칸 대학의 게일 매튜스 교수에 따르면 목표를 종이에 적는 것만으로도 그것을 이룰 가능성이 33% 더 높아진다고 한다.

이 법칙은 우유를 사는 것처럼 간단한 것에서부터 새 직장을 구하거나 사랑하는 사람과 까다로운 논의를 해야 하는 어려운 문제까지 똑같이 적용된다. 리스트를 만드는 습관을 통해 당신은 한 단계 더 나은 사람이 될 수 있으며, 조직적으로 행동하며, 의지가 강해진다.

리스트 만들기의 6가지 장점

그럼 리스트 만들기의 장점을 몇 가지 살펴보자.

1. 불안을 덜어준다

우리는 이런 푸념을 늘 입에 달고 산다. "오늘 할 일이 백만 가지야. 다 할 수 있을까?" 그러나 리스트를 만들면 불안이 한결 잠잠해진다. 일단 종이나 스마트폰에 적으면서 해야 할 일이 머릿속에서 나오는 순간, 스트레스 수치는 급격히 낮아진다.

게다가 우리는 얼마나 잘 잊어버리는가. 보통 성인의 평균 집중력은 15~20분 정도가 일반적이라고 한다. 그러니 해야 할 일 중 몇 가지를 까먹는 것쯤이야 어쩌면 당연한 일이 아니겠는가.

하지만 뭔가 떠오를 때 곧바로 냉장고 문이나 책상 위, 아니면 이메일이나 휴대전화 달력같이 눈에 띄는 어딘가에 적어놓는다면 황당하고 때로는 치명적인 문제를 예방할 수 있다. 우리 머리는 계속 뭔가를 하기 때문에 이전 것이 쉽게 사라지기 마련이다. 생각났을 때 바로 적어두는 몇 초의 시간을 투자함으로써 나중에 훨씬 많은 시간을 절약할 수 있다.

2. 뇌 기능이 향상된다

리스트를 만들면서 평소 사용하지 않던 뇌의 여러 부위를 사용하게 된다. 실타래처럼 뒤엉킨 일상이 정리되는 동안 뇌 기능이 활발해지고 예민해지는 것이다. 기억 전문가인 신시아 그린 박사는 나의 블로그에 리스트 만들기가 얼마나 뇌에 이로운지 알려주는 글을 남겨주었다. "리스트 만들기는 일종의 기억 보조 도구로서 기억해야 할 정보에 더 주의를 기울이게 만듭니다. 또 일목요연한 형식을 갖춤으로써 비로소 정보의 의미가 부여되지요."

3. 집중력을 높인다

리스트를 로드맵으로 활용하면 목표점을 잃지 않고 계속 집중할 수 있다. 목표에 집중할 수 있는 도구를 지닌다는 것은 인생에 여러모로 큰 도움이 된다. 하루에 더 많은 일을 해냄으로써 놀랍게도 좋아하는 일을 할 수 있는 시간이 생긴다.

바쁜 일상에 쫓기다 보면 집중력을 유지하는 것이 점점 더 어려워진다.

고객이나 친구에게 이메일을 쓰는데 이메일 도착 알림이 뜬다면? 그리고 먼저 쓰던 메일을 잠시 중단하고 새로 온 메일에 답장을 쓰는데 직장 상사가 부르거나, 아이가 우는데 때마침 택배까지 도착했다면? 으악! 상상이 되는가?

그러나 리스트가 있으면 중단한 일로 되돌아가기가 쉽다. 존에게 답장을 써야 하는데 사장님이 부른다면 투두 리스트에 한 줄 적어놓아라. '존에게 이메일하기.' 주변에서 벌어지는 온갖 일 때문에 집중해서 전화 한 통 받는 것도 어렵다는 것을 잘 안다. 그러나 종이에 적어두는 것은 얼마나 쉬운가. 처음에는 바보 같은 짓이라고 생각할 수 있지만 그 효과는 믿기지 않을 만큼 대단하다.

4. 자존감을 높여준다

내가 세상에서 가장 좋아하는 일 중 하나는 리스트에 있는 항목에 완수했음을 의미하는 줄을 긋는 것이다. 이를 통해 엄청난 성취감을 맛본다. 때로 이 행복한 기분을 만끽하기 위해 원래 리스트에 없었지만 완수한 일을 일부러 적기도 한다. 이런 식의 자존감 고무하기는 동기 유발과 생산성 향상에 도움을 준다. 또 무언가를 해냈다는 성취감은 다른 새로운 일에 도전할 수 있도록 자극하는 힘이 된다.

기억 전문가 신시아 그린 박사에 따르면 리스트는 통제력을 경험할 수 있도록 도와준다고 한다. 삶에 한층 적극적이면 자율성이 높아진다. 그리고 이런 경험이 쌓이면 자신이 훨씬 효율적이고 유능한 사람임을 자각한다.

5. 생각을 정돈한다

때로 무언가 힘든 결정을 할 때나 여름휴가처럼 계획을 세울 때 두서없는 여러 생각을 종이에 써보고 싶어진다. 리스트를 적어놓고 목표에 이르기 위한 과정을 하나하나 생각하다 보면 어느새 어떤 장애물도 두렵지 않은 느낌을 받는다. 리스트를 적으면서 뒤죽박죽된 마음을 잘 정돈하면 생활 전반에 만연한 무질서가 사라진다.

6. 언제나 철저하게 준비한다

걸스카우트의 공식 모토인 '준비'는 매우 의미심장하다. 걸스카우트로 활동한 적은 없지만 이 모토를 항상 마음에 새기고 산다. 그래서 항상 약간의 먹을 것과 종이와 펜을 지참한다. 언제 무슨 일이 벌어질지 알 수 없기 때문이다. 인생도 마찬가지다. 아파트를 찾든 직장을 구하든, 우선순위를 정한 리스트가 반드시 필요하다.

전화 받지 마라!

산만함은 몹시 좋지 않다. 생산성을 순식간에 떨어뜨린다. 이럴 때 쓸 수 있는 작은 기술 한 가지! 이 방법이라면 하루 종일 효율적으로 일할 수 있다. 바로 전화는 '언제나' '항상' '늘' 미리 통화 약속을 사전에 잡는 것이다.

나는 그 시간에 통화하기로 예정된 사람이 아닌 한 절대 전화를 받지 않는다. 물론 다소 건방져 보일 수 있다는 것을 나도 안다. 하지만 걸려오는 온갖 전화를 다 받으면 바로 집중력이 흐트러진다. 일에 한창 집중하는데 갑자기 다른 프로젝트를 진행할 사람과 전혀 다른 대화를 하는 식이다. 물론 그 일이 중요할 수도 있다. 하지만 그날 계획한 일과와 관계없이 의도하지 않은 방향으로 끌려갈 가능성이 아주 높다. 원래 하던 일은 저만큼 뒤로 물러난다. 바로 이런 이유로 전화까지 사전 약속을 하고 예정되지 않은 전화는 절대 받지 않는 것이다.

여러분도 한번 시도해보시길! 보장하건대 하루를 온전히 살 수 있을 것이다.

피할 수 있는 실수였는데……

나의 첫 방송계 직장은 롱아일랜드의 WLNY-TV 55였다(여담이지만 남편을 만난 곳도 그곳이었다). 어느 날 밤 스튜디오에서 절대적으로 피할 수 있는 너무 명청한 실수가 벌어졌다.

그날 메인 앵커가 휴가 중이라 11시 뉴스 보도에 리포터 중 한 명이 대신 나설 예정이었다. 당시 우리는 낮에는 수습기자 겸 작가였고, 밤에는 테이프 녹화(그렇다! 아직 테이프를 쓰던 시절이다)에, 원고 내용이 모니터에 뜨도록 수록하고, 카메라 조작까지 해야 했다. 그 악몽 같은 밤, 시계는 11시를 알리고 1번 카메라에 빨간 불이 켜졌다. 생방송이 시작됐다.

대타 앵커가 오프닝 멘트를 완벽하게 읽었다. 이어 그녀는 대본에 있는 대로 3번 카메라로 고개를 돌리면서 그다음 말을 해야 했지만, 이어지는 내용이 적힌 대본이 없었다. 이런 세상에! 앵커의 악몽이 시작됐다. 프롬프터가 없다니! 우리의 대타 앵커는 더듬거리며 종이 대본을 내려다봤다. 앵커는 필사적으로 아무 문제가 없는 척했다. 하지만 시청자, 현장에 있던 모든 사람에게 뭔가 대단히 잘못됐다는 것이 또렷이 전해졌다.

그날 밤 방송의 좋은 점, 나쁜 점, 문제점 등을 토론하는 사후 미팅에서 대타 앵커는 카메라 기사를 강하게 질책했다. 후에 따져보니 당시 3번 카메라의 수습(나는 절대 아님)이 프롬프터 켜는 것을 잊어버렸다는 것이 밝혀졌다.

다음 날 보도국장이 지시를 내렸다. "모든 직원은 스튜디오 카메라 작동 전 체크 리스트에 기입할 것!" 이런 지시가 얼마나 성가신 일인지 다들 아실 것이다. 하지만 그 지시를 지켜야 했다. 그리고 내가 그곳에 있던 2년 동안 방송을 시작하기 전에는 모두 반드시 체크 리스트 항목을 확인했다.

- ☑ 프롬프터 켜기
- ☑ 카메라 기울기 확인
- ☑ 카메라 거리 확인
- ☑ 카메라 초점 확인
- ☑ 헤드셋 상태 확인

하나같이 코웃음이 날 만큼 간단한 것이다. 하지만 이 중 한 가지를 깜박하고 빠뜨리는 일은 얼마든지 쉽게 일어날 수 있다. 그때는 대재앙의 지옥문이 열리는 것이다.

체크 리스트 선언

리스트는 사회 각계각층 사람들에게 도움이 된다. 특히 비행기 조종이나 의사 업무에서 귀중하게 활용된다. 보스턴 브리검 여성병원 외과의 아툴 가완디는 《체크! 체크 리스트The Checklist Manifesto》라는 저서에서 비행기 조종사에게는 비상 상황 발생에 따른 위기관리 체크 리스트뿐 아니라 비행 전 점검 체크 리스트가 있음을 지적하였다. 조종사는 비행 전문가이니 불필요할 듯 보이지만, 자칫 압박을 받는 상황에서는 말도 안 되는 간단한 단계를 놓칠 수도 있다. 체크 리스트는 그런 간단한 것을 잊어버리지 않게 도와준다.

리스트와 체크 리스트의 차이

두 가지를 같이 사용하기는 하지만 리스트와 체크 리스트는 다르다. 리스트는 예컨대 투두 리스트, 좋은 점과 나쁜 점 리스트, 심지어 배우자의 장점 리스트같이 다양한 것이 있을 수 있다. 반면에 체크 리스트는 어떤 것을 진행하는 과정에 필요한 처방전과 같다. 실수를 피하고 싶을 때 간단한 체크 리스트가 있으면 도움이 된다.

많은 인명을 좌우하는
전문가들의 체크 리스트 활용

'13'은 매직넘버이다. 또 13은 비행기 조종사가 조종실에 앉으면서부터 목적지에 도착할 때까지 반드시 챙겨야 할 체크 리스트 항목의 수이기도 하다. 나에게 이를 알려준 이는 20년 이상 민간항공사에서 파일럿으로 근무했으며《조종석의 비밀Cockpit Confidential》이란 책을 쓴 패트릭 스미스이다.

그에 따르면 항공사마다 체크 리스트에 차이가 있지만, 비행기가 최종 착륙할 때까지 지켜야 할 각 단계별 지침을 담고 있다는 원칙만큼은 다르지 않다고 한다. "그것 없이 비행기를 운항한다는 건 상상노 할 수 없는 일이다. 완전히 몸에 밴 습관과도 같다. 체크 리스트가 없으면 벌거벗은 느낌이 들 것이다."

조종사는 비행기 운항에 따른 일련의 과제를 외우도록 철저히 훈련 받지만 그럼에도 비상 상황 시 세부 지침을 수록한《퀵 레퍼런스 핸드북 Quick Reference Handbook》을 집어 드는 순간이 발생한다. 스미스 기장은 이렇게 말한다. "이것은 수백 개의 체크 리스트가 담겨 있는 대단히 두꺼운 책이다. 대부분은 비상 상황에 필요한 내용이다. 비상 상황이 발생하거나 시스템 오류가 발생할 때 해야 할 일을 안내해준다. 그런 점에서 '투두 리스트 To-do List'라고 표현할 수 있을 것이다."

앞서 언급한 가완디 박사는 체크 리스트가 비행기 조종사와 고층 빌딩 건설자 등에게 매우 유용하다는 사실을 깨닫고, 세계보건기구 WHO와 함께 전 세계 병원에 체크 리스트를 도입하도록 권장하는 데 앞장섰다.

2008년 가완디 박사 팀은 19개 항목의 체크 리스트로 시작했다. 그리고 6개월 후 참여한 8개 병원에서 주요 수술 후 합병증이 36%나 줄었다는 보고서가 나왔다.

최소 침습 수술법으로 유명한 뉴햄프셔의 크리스토퍼 로즈베리 박사에게 체크 리스트의 수술실 사용 사례를 물었다. 그는 이메일로 이렇게 답했다. "한 장짜리 간단한 체크 리스트만으로 SCIP(Surgical Care Improvement Project, 2003년 미국 질병관리본부에서 시작한 수술 관리 향상 프로젝트)가 100% 가까이 향상되었습니다. 사실상 사전 인쇄된 체크 리스트 없이 수술실에 들어오는 사람은 환자뿐입니다. 체크 리스트가 있으면 실수하기 쉬운 여러 문제를 막을 수 있습니다."

사람들의 생명을 손에 쥐고 있지는 않지만 나 역시 현장에서 항상 체크 리스트를 이용한다. 앞에서도 언급한 바 있는데 촬영 며칠 전에 미리 머릿속으로 인터뷰를 한 번 해보고, 하고 싶은 질문을 정리해 리스트를 만든다. 인터뷰는 항상 시작이 똑같다.

　"이름을 말씀하시고 철자도 알려주십시오."

　나의 질문 리스트 맨 위에는 '이름/나이/직업'을 적도록 만든다. 절대 잊어서는 안 되는 것을 실제로 잊지 않기 위함이다. 그리고 현장에서 찍어야 하는 장면도 모두 일목요연하게 적어놓는다. 수년간 이렇게 하다 보면 몸에 익지만, 그럼에도 나는 체크 리스트 만들기를 빠뜨리지 않는다. 특히 당황스러운 돌발 상황이 발생할 때 체크 리스트가 있으면 사소한 부분을 빠뜨리는 실수를 예방할 수 있다.

　자, 보았는가? 체크 리스트의 효력을!

> **"사소하다고 해서 중요하지 않은 것은 아니다."**
>
> ─패트릭 스미스(비행기 조종사)

리스트는 마트에서 장 볼 때만 필요한 것이 아니다

2011년 4월 블로그 ListProducer.com을 시작하면서 리스트의 다양한 용도를 알았다. 단순히 결정을 내리거나 장 볼 식료품 목록, 해야 할 일뿐 아니라 힐링, 건강, 목적 달성, 재산 축적 등에서 여러 가지로 폭넓게 활용된다.

9·11 테러 이후 《가져갈 수 있는 만큼만 담아라 Only Pack What You Can Carry》의 저자 재니스 홀리 부스는 남을 의식하기보다 자신을 돌아보게 되었다. TV를 통해 역사상 유례없는 최악의 테러 공격을 보면서 다른 많은 이처럼 그녀 역시 자신의 삶을 재평가하기 시작한 것이다. "내가 엄격한 사람이라는 것은 안다. 물론 사람을 미워하지는 않지만 비판적인 것은 사실이고, 일단 비판적인 인식이 박히면 잘못된 방향

으로 움직였다"고 솔직히 털어놓았다.

재니스는 노스캐롤라이나의 걸스카우트협회 CEO로도 폭넓은 활동을 하고 있다. 동료와 친구들에게 본디 친절한 사람이긴 하지만, 때로 냉혹하고 엄격하며 오만해 보인다는 충고를 들었다. 재니스는 그때까지 자신이 그렇게 보인다는 사실을 전혀 알지 못했기 때문에 큰 상처를 받았다.

그럼에도 그녀는 변화를 결심했다. "상처가 크지만 반드시 치유해야 한다는 것을 깨달았다. 하지만 어떻게 해야 하는지 알 수 없었다. 내가 아는 것이라고는 오로지 리스트를 만드는 것뿐이었다." 그리고 이제 재니스는 리스트가 자신의 삶을 구원했다고 말한다. 그 리스트는 '해야 할 일to-do' 리스트가 아니라, '되어야 할 것to-become' 리스트였다.

재니스의 이야기는 리스트 만들기가 더 나은 삶으로 변화시킨 한 가지 사례에 불과하다. 이처럼 리스트는 어떤 문제에서든 유용한 로드맵이 되어준다.

마음을 치유하는 리스트 만들기

리스트 만들기 작업은 치료 효과와 더불어 마음을 차분하게 만들어준다. 머리에 떠오르는 잡다한 생각을 한곳으로 모으는 작업은 어쨌든 기억해야 한다는 스트레스에서 해방시킨다. 종이에 적든, 휴대전화에 저장하든, 일단 이렇게 하면 기억해야 한다는 사실을 기억하지 않아도 되기 때문이다.

심리학자와 정신과 의사들은 환자에게 불안감을 덜어내는 방법으로 리스트를 만들어보라고 권한다. 특히 어려운 결정을 내려야 할 때 장단점이 정리된 리스트는 큰 도움이 된다. "머릿속에서 생각을 한데 모으고, 이를 분류하여 저장하는 것은 대단한 정신적 노동이다. 우리는 사고하는 것이 얼마나 부담이 큰 일인지 과소평가한다." 애틀랜타에서 활동하는 심리학자이자 심리치료사인 트레이시 마크스 박사가 지적한 말이다. 이 같은 종류의 스트레스가 주는 정서적이며 육체적인 부담을 모두 잘 안다. 불면증, 어깨 결림, 급격한 감정 기복 등으로 드러날 때도 많다. 마크스는 리스트 만드는 작업이 "쌓여 있는 적재물이 흘러나올 수 있도록 구멍을 열어주는 것"과 같다고 비유했다.

스트레스를 균형 있게 관리하는 것은 건강과 행복을 유지하는 데 매우 중요하다. "인간은 구조적으로 심한 스트레스나 자극을 오랫동안 견디지 못하도록 되어 있다. 애초에 그렇게 하지 못하도록 만들어졌다."《나는 스트레스 중독자입니다》의 저자이자 건강 컨설턴트인 하이디 한나의 말이다. "모든 것에는 리듬이 있다. 그런데 이것이 사라지고 평평한 직선이 되면 이는 죽음과 같다."

우리가 좋아하는 리스트

누구나 아주 좋아하는 리스트가 있다.

- ☑ 데이비드 레터먼의 톱 텐 리스트*
- ☑ 베스트셀러 리스트
- ☑ 블록버스터 영화 리스트
- ☑ 최고 부자 유명인 리스트(나의 영웅 오프라가 대체로 제일 부자다)
- ☑ 잡다한 주제의 리스트

---

* 데이비드 레터먼은 미국 CBS 토크쇼 「Late Show with David Letterman」의 사회자이자 최고의 코미디언. 톱 텐 리스트는 자신의 프로그램에서 선보인 고정 테마의 하나였다. 당시 이슈가 되는 관심사를 10개의 리스트로 유머러스하게 풀어내 시청자의 많은 사랑을 받았다.

☑ 이사할 때 리스트

☑ 의사에게 할 질문 리스트

• 알고 있나요? •

데이비드 레터먼 쇼의 인기 코너

데이비드 레터먼의 톱 텐 리스트는 1985년에 처음 시작되었고,

그 첫 리스트는 'Peas로 발음하는 단어 10개 맞히기'였다.

2

꿈을
이뤄주는
리스트의
모든 것

【list 1】 판단이 어려울 때:
장단점 리스트

리스트의 가장 단순한 용도는 꼭 해야 할 일을 잊지 않게 해주거나, 장을 볼 때 사야 할 것을 빠뜨리지 않도록 도와주는 것이다. 하지만 리스트의 더 중요한 쓰임새는 일종의 로드맵으로서 행동 개시의 발판을 제공한다는 점이다. 내가 '투두 리스트'를 아주 좋아한다고 말했는데, 리스트가 있으면 한눈팔지 않고 똑바로 나아가게 해주기 때문이다. 하지만 우리가 만들 리스트는 단지 이런 종류만 있는 것은 아니다.

인생을 살면서 하는 거의 모든 결정에는 좋은 점과 나쁜 점이 동시에 있다.

☑ 집을 살 때

☑ 직장을 옮길 때

☑ 아이를 가졌을 때

☑ 신혼여행을 계획할 때

이런 일은 모두 엄청난 고민과 함께 다 때려치우고 싶다는 생각을 하게 만든다. 이럴 때는 우선 장단점 리스트를 만들어보자. 장난삼아 만들든, 심각하게 고민하면서 만들든 상관없이 장단점 리스트는 쓸모가 있다. 특히 Yes나 No의 답이 분명하지 않은 복잡한 상황에서 빛을 발한다. 이때 주의할 점은 한 번에 두 이슈로만 비교해야 한다는 것이다. 그렇게 하지 않으면 처음보다 더 혼란스러울 수 있다.

"장단점 리스트를 만들다 보면 모든 가능성을 더 깊이 생각합니다. 머릿속으로만 떠올렸다가 그냥 사라질 것도 리스트를 만들면 한 번 더 생각하지요." 심리학자이자 심리치료사 트레이시 마크스 박사의 말이다. "집에서 가까워 편하게 다닐 수 있으니 좋은 직장이라고 간단히 결정했는데, 그러다 보니 건강 수당이나 또 다른 이런저런 항목은 잊어버리는 거죠."

스트레스를 줄이고 해답에 좀 더 신속히 접근할 수 있게 도와주는 장단점 리스트 만드는 요령을 알아보자.

❶ 종이에 아니면 디지털로? 모두 OK

리스트를 만들 때 종이와 연필을 주로 쓰지만 앱도 이용한다. 종이에 쓰는 것을 좋아하다 보니 어려운 결정을 내릴 때면 늘 책상에 차분히 앉아 장단점 리스트를 작성한다. 물론 종이에 적든 디지털 방식을 활용하든 리스트 만들기의 결과는 다르지 않다.

❷ 일단 리스트를 적는다

처음에는 일단 떠오르는 대로 적는다. 아무리 하찮은 점이라도, 예컨대 가야 할지 고민하는 회사의 사무실 벽 색깔이 녹색이었고 녹색은 내가 좋아하는 색이라면 이를 장점란에 적는다. 나중에 지우는 것은 얼마든지 할 수 있다. 장점과 단점을 늘어놓듯 떠오르는 대로 써 내려간다.

이 일을 할 때는 자신이 마치 기자인 양 생각할 필요가 있다. 고등학교 저널리즘 수업 시간에 처음으로 '5W'를 배웠다.

- 누가 Who?
- 언제 When?
- 어디서 Where?
- 무엇을 What?
- 왜 Why?

리스트를 만들 때 이런 구체적인 것을 생각해야 한다. 객관적이어야 하고 먼저 사실을 주시해야 한다. 주관적 의견을 너무 많이 포함시

키면 안 된다. 객관적인 장단점을 모두 다 적는다. 우선순위를 정하거나 경중을 따지는 것은 그 뒤에 천천히 하면 된다.

❸ 수정하기

일단은 생각나는 대로 적고 나서 각 항목의 가치를 정리해나간다. 사고자 하는 아파트가 쌍방향 도로에 면해 있고, 이 점이 마음에 걸린다면? 이 항목은 단점란에 기입한다. 일단 떠오르는 대로 리스트를 작성하던 때로 돌아가 문제가 되지 않거나 결정에 영향을 미치지 않는 항목은 과감히 지워버린다. 사무실 벽이 녹색이란 점이 나의 사고 과정에 별 영향을 주지 않을 것 같으면 지워버린다. 이 과정을 거치면서 리스트는 훨씬 유용해진다. 너무 긴 목록은 질릴 수 있으므로 유사 항목은 합쳐서 통합한다.

❹ 잠시 거리 두기

최종 리스트를 만들고 나면 일단 한쪽에 치워두고 뇌를 쉬게 한다. 어떤 일이든 지속적으로 너무 오랜 시간 매달리는 것은 몹시 힘든 일이다. 리스트는 내일 다시 들여다본다. 시간을 두고 다시 보면 장단점 리스트가 완전히 다른 각도에서 새롭게 보인다.

❺ 주관적으로 각 항목에 가중치를 정한다

장점이 5개이고 단점이 3개라고 해서 장점이 우세하다고는 할 수 없다. 각 항목을 진지하게 따져보고 그 항목대로 됐을 때 어느 쪽이 더 내가 바라는 삶에 가까운지 그려본다. 필요에 따라서는 좀 더 조사하거나 문의해볼 수 있다. 다른 사람에겐 별일 아닌 것이 내게는 큰 문제일 수 있음을 명심하자. 이 단계에서는 현실적이어야 하며, 스스로에게 솔직해야 한다.

❻ 다른 사람과 의논한다

그럼에도 어떻게 해야 할지 잘 모르겠다면 친구나 배우자, 직장 동료와 의논하라. 한 사람보다는 두 사람의 생각이 더 낫다. 그 사람이 내가 생각지 못한 장점이나 단점을 지적해줄 수도 있다.

【list 2】여행: 짐 싸기 리스트

여행을 가기 전 짐 싸기 리스트를 만들어야 하는 매우 중요한 두 가지 이유가 있다.

1. 리스트가 없으면 필요한 물건을 꼭 빠뜨린다.
2. 돈을 절약할 수 있다.

이 두 가지는 사소하지만 중요하다. 저 멀리 열대의 휴양 섬에 도착하고 보니 수영복이 없다면?! 물론 리조트 기프트 숍에서 수영복을 팔 테니 비싼 값에 수영복을 살 수 있을 것이다. 하지만 이게 원하던 일일까? 당연히 돈 낭비, 시간 낭비다.

돈 얘기가 나온 김에 말해보자. 미국 교통통계국에 따르면 미국 최대 항공사가 2012년 한 해 동안 초과 수하물 비용으로 벌어들인 돈이 무려 35억 달러라고 한다. 세상에 35억 달러라니! 가방 한 개당 25달러의 비용이 순식간에 붙는다. 1년에 당신의 가족이 최소 한 번 여행 간다고 쳤을 때 추가 가방이 3개면 75달러가 된다. 휴가를 즐기기도 전에, 아무것도 하지 않았는데 이미 75달러나 써버리는 것이다. 75달러가 생긴다면 무엇을 하고 싶은가? 나라면 머리를 하거나 네일 숍에 가거나 초급자용 골프 클럽을 살 것이다.

이게 짐 싸기 리스트와 무슨 상관이냐고? 잘 계획되고 준비된 여행이라면 비상 시 필요한 아이템 몇 가지와 개인적으로 꼭 필요한 물건을 선별할 수 있다. 결과적으로 짐은 작아지고 돈은 절약된다. 간단한 이치이지만 실천이 쉽지는 않다. 이를 위해서는 얼마간의 사전 준비와 절제력이 필요하다. 하지만 일단 시도해보면 누구나 다시 예전 습관으로 돌아가지 않는다. 나는 여행할 때마다 매번 새로운 짐 싸기 리스트를 만든다. 어떤 이들은 늘 사용하는 것은 항상 고정 리스트로 둔다고 하는데 나는 그때그때 맞춤 리스트 만드는 것을 더 좋아한다. 어떤 방식이든 리스트가 있으면 여행의 스트레스가 훨씬 경감되는 것은 확실하다.

❶ 여행 일정 적어보기

금요일부터 월요일까지 해변에 놀러 간다고 해보자. 나라면 여행

기간 동안 하고 싶은 모든 일과를 적어볼 것이다. 이것을 토대로 가져갈 옷을 한 벌 한 벌 떠올릴 수 있다.

금요일: 관광, 디너, 잠

토요일: 해변, 디너, 잠

일요일: 해변, 보트 유람, 디너, 잠

월요일: 관광

물론 옷뿐 아니라 필요한 다른 물건도 같이 생각한다. 만약 박물관 방문을 원한다면 카메라와 편한 신발을 잊지 않을 것이다.

❷ 카테고리 만들기

하루하루 무엇을 할지 생각했다면, 필요한 물건을 카테고리별로 분류한다. 나의 짐 싸기 리스트는 다음과 같은 카테고리로 나뉘어 있다.

- ☑ 돈/서류
- ☑ 의복 및 액세서리
- ☑ 전자 제품
- ☑ 화장품류
- ☑ 구급약
- ☑ 그 밖의 것들

카테고리를 정하면 더 많은 물건을 더 쉽게 생각해낼 수 있다. 단순히 '짐 싸기'라고만 하면 막상 뭘 해야 할지 막막하지만, 짐 싸기를 잘게 쪼개 나누어 생각하면 훨씬 구체적이고 수월해진다.

❸ 하루 일상을 한번 돌아본다

머릿속으로 아침부터 시작되는 일상을 쭉 떠올려본다. 이렇게 하면 카메라 배터리, 변압기, 칫솔을 빠뜨리는 실수는 하지 않는다.

❹ 날씨를 확인하라

일기예보가 100% 정확하지는 않지만 그래도 일기예보로 모자나 초강력 선크림이 필요한지, 아니면 우산을 넣어야 할지 대충 감을 잡을 수 있다. 기상 정보를 알려주는 각종 테크놀로지를 이용한다.

❺ 입을 옷 정하기

생각나는 대로 옷가지를 가방에 던져 넣지 말고 미리 입을 옷을 정하면 짐이 늘어나지 않는다. 입고 싶은 옷을 일정에 따라 조합하고 여기에 신발과 액세서리까지 모두 함께 맞춘다. 참고로 나는 항상 커다란 숄을 지참하는데, 비행기에서 담요처럼 덮기도 하고 여러모로 쓸모가 있다.

정리 전문가이자 dClutterfly.com의 운영자인 트레이시 매커빈도 앞서 내가 언급한 것과 같이 여행 전 미리 옷을 준비한다고 말한다.

"지난 2년 동안 여행을 정말 많이 했어요. 예전에는 비행기를 타고 여행하는 것을 아주 많이 불안해했지요. 하지만 지금은 여행 중 입을 옷차림을 미리 리스트로 만들고, 그 옷만 여행 가방에 넣으면 끝. 다음은 목적지에 도착하는 것이지요. 나에게는 의상 리스트를 만든 일이 획기적인 변화의 계기가 되었습니다."

❻ 최종 점검 리스트 만들기

여행 당일 아침 설령 짐을 다 싸지 못했어도 꼭 챙겨야 할 것이 최종 점검 리스트다. 이 리스트에는 현관문을 나가기 전 반드시 해야 할 일이 적혀 있다.

어릴 적 우리 가족은 휴가 때면 뉴욕 주 조지 호수Lake George에 놀러 가곤 했는데 아버지는 늘 떠나기 전에 해야 할 일을 리스트로 만들어 챙기셨다. 거기에는 에어컨 끄기, 우편물 수신 보류, 화분에 물 주기 등이 포함되어 있었다.

리스트가 있어서 아버지는 따로 기억해야 할 필요가 없었다. 리스트 덕분에 자질구레한 일도 빼먹지 않고 빠르고 쉽게 해낼 수 있었다. 아버지의 그런 모습은 내게 좋은 본보기가 되었다. 지금 내가 리스트 마니아가 된 것도 그 덕분일 것이다.

여행 좋아하는 사람들의 필수 앱

'다크 스카이Dark Sky'라는 앱을 정말 좋아한다. 사용자 위치를 추적해 그곳에 비가 막 올 것 같은 때를 알려주는 앱이다. 예컨대 15분 안에 비가 내릴 것으로 예상되며, 대략 6분 정도는 지속된다는 식으로 친절하게 알려준다. 매우 정확하다.

❼ 장거리 여행 짐 싸기 팁

걱정 마시라! 여기에 해법이 있다. 기내 가방 하나만으로도 2주 동안 유럽을 여행할 수 있다(유럽뿐 아니라 어디든 가능하겠지만). 호프스트라 대학 선임 연구원이자 나의 친한 친구인 니콜 펠드먼은 언제나 이를 실천한다. 그녀는 짐 싸기의 천재이다. 그녀의 짐 싸기 노하우를 몇 가지 공유한다.

- 모든 것을 둥글게 말아서 싼다.
- 가장 무거운 옷은 비행기 탈 때 입는다.
- 방향 전환이 쉽고 끌기 편한 22인치 여행 가방을 이용한다. 성능이 좋은 가방은 확실히 돈과 시간과 수고를 덜어준다. 항공 규정에 따라 기내에 지니고 탈 수 있는 가장 큰 사이즈의 가방이 22인치이다.

- 가벼우면서 수납공간이 넓은 숄더백을 지참한다. 이 가방은 짐이 많아졌을 때 엑스트라로 사용할 뿐 아니라 여행지에서 메고 다닐 수 있어서 두루 유용하다.
- 압축 백은 필수품. 가볍고 실용적인 투명 비닐 소재로 짐을 납작하게 만들어 부피를 줄여준다. 안에 옷을 넣고 바닥에 평평하게 놓은 다음 한쪽 끝에서부터 돌돌 말면 공기가 빠져나가 부피가 줄어든다. 여유분으로 2개 정도 더 들고 가면 돌아오는 길에 세탁물을 담아올 수 있어서 유용하다.

【list 3】이사: 이삿짐 싸기 단계별 리스트

이사 역시 엄청난 끈기와 정신력이 필요하다. 친구나 가족, 이삿짐 업체가 아무리 도와준다 해도 스트레스 쌓이는 일이다. 리스트가 혼란스러운 당신의 든든한 지원군이 되어줄 것이다!

❶ 살림 줄이기

이사는 한 번도 사용하지 않았던 물건이 과연 진짜 필요한지 다시 생각해보는 더없이 좋은 기회다. 버려야 할 것이나 기부할 물건의 목록을 만들어라.

❷ 이삿짐 싸기

이삿짐이 여행 가방 싸기보다 더 쉬울 수 있다. 대부분 그냥 전부 가져가면 되니까. 그렇지 않은가? 각 방의 살림살이는 번호를 매긴 박스에 나누어 담고, 박스에 담긴 물건의 개별 리스트를 만들어라. 새집에 도착해서 정신없을 때, 이사하자마자 바로 필요한 물건이 어디에 있는지 쉽게 찾을 수 있을 것이다. 이사할 때뿐 아니라 살림살이를 보관할 때도 이 방법을 쓰면 매우 유용하다.

❸ 살림살이 교체

이사할 때 기분 좋은 것 중 하나는 버리고 온 것을 다른 새로운 것으로 교체하는 일이다. 이 기회에 세간을 깔끔하게 바꿀 수 있다. 살던 집을 떠나기 전에 교체할 물건을 리스트로 만들어두면 전체 프레임을 짜는 데 훨씬 수월하다. 특히 가구 같은 것은 미리 계획을 세워두어야 한다.

❹ 새로운 즐거움 찾기

이사할 때만 할 수 있는 특별한 작업. 낯선 곳으로 옮긴다는 의미는 식당이나 가게, 그 밖의 즐길 거리가 모두 바뀐다는 의미다. 새로 가보고 싶은 곳을 리스트로 만드는 작업은 낯선 곳으로 이사 온 데 따른 스트레스를 완화해준다. 새로 알게 된 이웃에게 어디가 좋은지 물어보는 것도 이웃을 사귀는 좋은 방법이 될 것이다.

【list 4】 구체적인 정보가 필요해:
리서치 리스트

계획을 세울 때나 뭔가 더 상세하게 알아보고 싶은 사항이 있을 때 만드는 것이 리서치 리스트이다. 여행을 계획하거나 이벤트를 준비할 때 리서치 리스트를 이용한다. 세상 모든 일은 리스트 안에서 작게 쪼갤 수 있고 이런 과정이 생각을 정리하는 데 큰 도움이 된다.

- ☑ 자동차 구입
- ☑ 다이어트 계획
- ☑ 새집 구하기
- ☑ 여행 계획
- ☑ 돈을 더 많이 모으는 방법

【list 5】뒤죽박죽 정보를 일목요연하게: 카탈로그 리스트

뭐든 리스트를 만든다고 했는데 이는 사실이다.

☑ 읽고 싶은 책

☑ 가보고 싶은 맛집

☑ 좋아하는 영화

☑ 사야 할 옷

☑ 봐야 할 TV 프로그램

☑ 사람들에게 받고 싶은 선물(바로 그거야 하는 것들)

☑ 방문해보고 싶은 웹 사이트

나는 이런 종류를 카탈로그 리스트라 부른다. 해야 할 일이 아니라 단순히 물건이나 대상의 리스트라고 할 수 있다.

누군가 내가 좋아할 만한 책이라면서 어떤 책을 소개해주었다. 그런데 책 제목만이라도 기억하려 노력하지만 어느새 다른 길로 빠져서 자취도 없이 지워져 있다. 이것이 우리의 잘못은 아니다. 훈련하지 않으면 우리의 기억력은 무뎌지게 돼 있다. 나는 이게 다 테크놀로지 탓이라 생각한다. 전화번호 몇 개 정도는 기억 속에 담아두지만, 눈부신 과학기술의 발전 덕분에 뇌의 기억 기능을 거의 쓰지 않는다. 나는 심지어 7년이나 쓴 업무용 휴대전화 번호를 기억하지 못한다. 이 정보를 절대 기억 저장소에 넣지 않은 것이다. 그럴 필요가 없기 때문이다. 가끔 다른 사람에게 나중에 전화해달라고 말하면서 정작 내 전화번호를 몰라 "저, 그게, 번호가……, 잠깐 기다려주시겠어요……. 아! 여기 있네요!" 하는 우스꽝스러운 상황이 벌어지기도 한다. 기억해야 했다면 기억했을 것이다. 요는 그럴 필요가 없다는 것이다.

그리하여 카탈로그 리스트는 비슷한 정보끼리 모아둘 필요가 있을 때 유용하다. 물론 이 정보를 어떤 리스트에 끼워두느냐 하는 것은 전적으로 자기 마음에 달렸고, 리스트 자체가 어디 있는지 기억나지 않는다면 그때는 정말 자학할 수밖에 없을 것이다.

나는 카탈로그 리스트 보관에 스마트폰과 다양한 앱을 이용한다.

【list 6】 꿈에 다가서다:
라이프 리스트

대단히 사적인 내용이고, 개인적으로 내가 대단히 좋아하는 리스트이다. 아직 리스트 입문자가 아니라면 라이프 리스트부터 시작해보길 권한다. 라이프 리스트의 대표 격이라 할 수 있는 버킷 리스트bucket list에는 '죽기(kick the bucket)' 전까지 해보고 싶은 모든 것을 담는다.

자신은 누구보다 본인이 가장 잘 알기 마련인데, 이것을 한데 다 모아놓는다니 재미있지 않은가? 프랑스어 배우기, 브로드웨이에서 연극하기, 샌프란시스코에서 케이블카 타기 혹은 호주에 가서 코알라 안아보기 등 크든 작든 꿈꾸는 모든 내용을 일단 리스트에 담는다.

나는 라이프 리스트만큼은 노트에 적는다. 물론 다들 자기가 편한 방식대로 하면 된다. 참고로 웹 사이트 MyLifeList.org에 가면 자신의 리스트를 보관할 수 있고, 다른 사람의 리스트를 엿볼 수 있다. 그뿐 아니라 같은 목표를 이루고자 하는 사람들의 모임을 만들기도 한다. 서로 목표를 이루기 위해 해야 할 일을 공유하는 것이다.

라이프 리스트의 의미는 대단하다. 꿈을 갖는 것은 행복한 일이고, 일단 그 꿈을 어딘가에 적어놓으면 그때부터 의식적이든 무의식적이든 스스로 꿈을 좇는 방향으로 나아간다.

• 알고 있나요? •

'죽다' and '버킷 리스트'

〈워싱턴 포스트〉에서 운영하는 웹진 Slate.com에 따르면 '죽다' 라는 뜻의 숙어 'kick the bucket'은 적어도 1785년경부터 쓰였다고 한다. 버킷 리스트bucket list란 말은 좀 더 최근에 등장한 말이다. 잭 니컬슨과 모건 프리먼이 나온 「버킷 리스트」란 영화 덕분에 버킷 리스트란 말이 2007년 이후 널리 유행해 퍼졌다. 이 영화에서 말기 암 환자인 두 사람은 죽기 전에 해보고 싶은 일을 하나씩 완수하기 위한 여행을 떠난다.

❶ 신년 다이어리 – 바라고, 믿고, 얻으라

리스트 추종자이면서 여성 사업가이고, 여행가이자 작가인 멜러니 영과 대화하던 중에 그녀의 연례행사는 신년 다이어리를 만드는 것이란 얘기를 들었다. 거기에는 그해에 가보고 싶은 모든 곳과 하고 싶은 모든 일이 담긴다고 한다.

멜러니의 생일은 1월 1일이다. 언젠가 새해 전날 좋지 않은 일을 겪었는데 그 후로 다시는 우울한 생일을 맞지 않겠다고 결심했고, 특별한 날엔 여행을 가기로 했다.

"다이어리 맨 앞에 리스트가 있어요. 첫 번째 리스트는 한 해에 있을 크고 작은 일을 쓰고 있습니다. 그다음은 내가 바라는 것 12~15개 정도의 결심을 담은 리스트가 이어집니다. 이것을 1988년부터 내내 해왔어요."

이 리스트 덕분에 그녀는 방콕, 호찌민, 마추픽추, 리우데자네이루, 벨리즈, 온두라스, 스페인, 프랑스, 하와이로 여행을 갈 수 있었다(실제로는 훨씬 더 많다). 그녀는 선반 하나에 지난 다이어리를 나란히 꽂아두었는데, 언젠가 자신의 자서전이 될 거라고 생각한다.

나는 《시크릿 The Secret》이라는 책에 나오는 원칙을 좋아한다. 간단하다. 원칙대로만 하면 365일 붐비는 뉴욕의 지하철에서도 앉아서 갈 수 있다. 뉴욕에 가본 사람이라면 알겠지만 이는 아주 소소한, 기적에 가까운 일이다. 이 원칙을 좀 더 큰 일, 예컨대『오프라 윈프리 쇼』방청 같은 일에 적용해보았다. 표를 구할 수 있다는 확고한 믿음과 더불어 방청석에 앉아 있는 내 모습을 머릿속으로 그리는 것이 도움이 되리라 생각했다. 남편은 말도 안 되는 소리라 놀렸지만 나는 그가 틀렸다는 사실을 증명해 보였다.

비밀은 무엇일까?《시크릿》에 담긴 뜻은 소원이 들어갈 수 있는 자리를 만들고, 실제로 이루어진 듯 믿으라는 것이다. 내가 어릴 적 아직 《시크릿》이 세상에 나오지 않았던 때지만 엄마는 항상 이렇게 말씀하셨다. "그냥 둬 봐. 어떻게 될지 모르잖니."

이는 주변 사람들에게 새 직장을 구한다고 널리 알리면 결국 누군가가 당신에게 달콤한 기회를 가져다주는 것과 같다. 물론 우연일 수도 있다. 하지만 나는 도움이 된다는 것을 믿는다.

❷ 목표 시각화하기

나는 예술적 소질이 전혀 없지만 매년 초마다 비전 보드vision board를 만든다. 일종의 공예 프로젝트로 이 작업을 무척 즐긴다. 내놓고 자랑할 만한 일은 아니지만 잡지 보기를 좋아하는 취미가 은근히 도움이 된다. 책장을 넘기다 마음을 사로잡은 그림이나 문구를 오려 '내가 좋아하는 것' 칸에 갖다 붙인다.

비전 보드에는 이루고 싶은 것, 가보고 싶은 곳, 즐기고 싶은 것 등 꿈꾸는 모든 것이 담긴다. 비전 보드를 목표 달성을 위한 출발점으로 삼으면 실제로 목표 달성의 가능성이 더 높아진다. 나에게는 방 3개짜리 아파트 장만하기, 베니스 여행 같은 목표를 되새기는 데 유용하다.

그 밖에도 존경하는 사람이나 티타임과 같이 좋아하는 일, 이 책을 쓰는 것까지 포함해 이루고자 하는 일 등의 사진을 찾아서 비전 보드에 붙인다. 비록 단순한 종이라도 목표를 시각화하면 심리적으로 중요한 동기 유발이 된다. 이는 나의 '믿는 대로 된다'는 신조와도 상통하는 것이다.

비전 보드에는 사진, 그림, 영감을 주는 문구 등 시각적인 내용 무엇이든 제한이 없다. 특별한 재주가 있는 사람이라면 천이나 다른 재료를 이용해도 좋다. 만드는 데 정해진 규칙은 없다.

상상력이 풍부하지 않아도 좋고, 창의적이어도 상관없다. 샴페인 사진을 즐겨 쓰는데, 가장 좋아하는 음료이기도 하지만 축하의 상징이기도 하기 때문이다. 나는 뭐든 기념하거나 축하하는 걸 좋아한다. 나의 비전 보드에는 누군가의 사진 옆에 감사 카드가 붙기도 한다. 특별히 내가 감사 카드 쓰기를 좋아하는 것도 있지만, 감사해야 할 이유 찾기를 즐기기 때문이다.

비전 보드의 일부는 1년 동안 채울 수 있도록 빈 공간으로 남겨둔다. 나는 매일 아침 옷을 입을 때마다 볼 수 있도록 이 비전 보드를 옷장 문 안쪽에 붙여놓았다. 비전 보드를 놔둘 만한 곳으로는 어디가 좋을까?

- 액자에 넣어 책상 위에 두기
- 코르크 메모판에 꽂아놓기

- 컴퓨터 화면에 띄워두기
- 지니고 다니는 책에 끼우기
- 스마트폰 앱 이용하기

비전 보드 만들기는 친구나 아이들과 함께 해도 재미있다. 아이들도 1년 동안 가고 싶은 곳, 하고 싶은 일을 자기만의 비전 보드로 만들 수 있다. 비전 보드가 얼마나 아이들에게 큰 영향을 미치는지 놀라게 될 것이다. 한 해의 마지막 날 함께 비전 보드를 보면서 1년 동안 얼마나 해냈는지 확인해보는 연중행사를 가지면 더욱 좋다. 그리고 새해 첫날은 새로운 비전 보드를 만든다. 물론 비전 보드는 반드시 새해 첫날 만들어야 하는 건 아니다. 아무 때나 만들어도 상관이 없다.

명심해야 할 것은 비전 보드를 만드는 것으로만 끝나면 안 된다는 점. 이를 통해 반드시 열심히 목표를 실천해야 한다.

【list 7】우울한 날은: 감사 리스트

대개 긍정적인 성향이지만 나도 간혹 움츠러들고 기분이 푹 가라앉는 느낌이 들 때가 있다. 아마 이것은 누구나 그럴 것이다. 이럴 때 나의 치유법은 감사 리스트를 만드는 것이다. 감사 리스트는 비단 어떤 사람뿐 아니라 나를 행복하게 해주는 모든 것이 대상이 된다.

- ☑ 제철 망고
- ☑ 오늘 밤에 방영하는 좋아하는 쇼 프로그램
- ☑ 가라앉지 않은 수플레 만들기 성공
- ☑ 친한 친구가 한 동네로 이사 왔다
- ☑ 피자 만들 때 손을 데지 않았다

☑ 직장에서 승진

☑ 남편이 특별한 이유 없이 아기자기한 선물을 주었다

☑ 뉴질랜드 여행

이 리스트에는 나를 미소 짓게 만드는 것이면 무엇이든 담을 수 있다. 우스꽝스럽든 진지한 것이든 일단 적는다. 감사 리스트는 인생에 진짜 중요한 문제가 무엇인지 되새기게 만들고 마음가짐을 긍정적으로 변화시킨다. 오프라는 언젠가 이런 말을 했다. "사람들은 하루하루 반복되는 일에 꽁꽁 싸인 채, 인생에서 진짜 좋은 게 무엇인지 1분도 생각하지 않는다."

나의 어머니는 어떤 상황에서든 긍정적으로 생각하기 위해 노력하셨는데, 아마도 나 역시 그 영향을 받았을 것이다. 심리학자들은 감사 리스트가 대단히 효과적이므로 이를 매일 만들어보기를 권장한다. 작가이자 20~30대 여성을 위한 웹 사이트 Elevate Gen Y의 공동 설립자 알렉시스 스클램버그는 이렇게 말하였다. "매일 밤 고마웠던 하루의 일을 리스트로 만든다. 나만의 감사 연습이다. 과학적으로도 감사하는 마음이 행복 지수를 높여준다는 사실이 확인되었다고 한다."

감사 리스트 만들기는 인생에서 사랑하는 것을 떠올리며 미소 짓게 만드는 것 말고도 훨씬 장기적인 효과가 있다. "무심하게 지내다가 '이런 게 참 고마운 일이구나!'라는 걸 깨달으면 감사한 마음이 생기고, 이런 감정이 자존감이나 자부심을 한층 높여준다." 심리학자이자 심리치료사 트레이시 마크스 박사의 말이다.

누구나 더 행복하기를 바란다. 그렇다면 감사 리스트가 좋은 이정표가 되어줄 것이다.

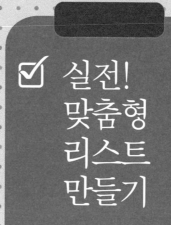

실전!
맞춤형
리스트
만들기

3

궁극의 '투두 리스트' 만들기 노하우

투두 리스트나 장보기 리스트, 장단점 리스트 등 어떤 리스트든 생각을 종이에 적는 행위는 몸과 마음에 모두 도움이 된다. 리스트 만들기는 스트레스를 줄여주면서 생산성은 높이고, 미래를 계획적으로 설계하는 가운데 집중력이 향상되며, 나아가 성취감까지 높인다.

《나는 스트레스 중독자입니다》의 저자이자 건강 컨설턴트인 하이디 한나는 이렇게 말한다. "'해낼 것이다!'라는 동기부여가 된다. 그리고 실제로 조금씩 나아지는 걸 느낀다. 아주 조금이라도, 어쨌든 앞으로 나아가게 하는 계기가 되어준다."

리스트를 만드는 사소하고 단순한 작업에 약간의 시간을 투자함으로써 커다란 보상을 받는 것이다. 내가 좋아하는 캐시 크레인 언론학

교수는 글을 봐줄 때마다 항상 "단순하게, 바보같이 써라"라고 말한다. 이 조언은 우리의 삶에도 적용된다.

리스트 때문에 오히려 일에 압도당하는 느낌이 들면 오래 지속하기 힘들다. 궁극의 '투두 리스트' 만드는 법과 이것을 완수하는 방법을 살펴보자.

❶ 무조건 적기

당장 눈앞에 보이지 않으면 쉽게 잊어버린다. 그러므로 생각날 때 바로 적는다. 당장은 리스트의 순서가 중요한 것이 아니므로 일단 적어놓는다.

❷ 리스트 정리하기

해야 할 일을 길게 다 적었다면 정리부터 한다. 우선 카테고리별로 나누는데, 예를 들면 직장, 집, 아이들, 운동, 기타 등으로 일상의 각 영역별 리스트를 만드는 것이다. 이렇게 나누지 않으면 끝없이 적혀 있는 할 일 목록에 압도당해 어느새 슬그머니 던져버리고 만다.

나는 이렇게 분류한 리스트를 각기 따로 보관한다. 업무 관련 리스트는 사무실 책상 서랍에, 집안일과 관련한 리스트는 집에 있는 책상 서랍에 둔다. 평소 각각의 리스트를 어디에 보관하는지 잘 알고 있고, 어떤 내용인지 훤히 꿴다. 리스트 덕분에 매우 많은 일을 머릿속에서 잘 구분할 수 있다. 그리고 리스트의 항목을 보면서 그 일을 어떻게 처리해야 할지 미리 준비하게 된다.

"일을 분류해놓으면 생활의 균형을 잡을 수 있고, 너무 많은 일에 지레 질려버리는 폐해를 막을 수 있다." 트레이시 마크스 박사 역시 비슷한 지적을 한다. 그녀는 시간을 마냥 잡아먹는 작업, 예를 들면 이메일 확인과 같은 일은 개시 시간과 종료 시간을 정하는 등 하루의 시간을 나누어 할 것을 추천한다.

이렇게 하면 주의력이 흐트러지지 않으며 생활을 한층 효율적이고 생산적으로 이끌 수 있다.

❸ 우선순위 정하기

카테고리별 리스트를 만들었다면 이번엔 각 리스트의 항목을 보면서 중요도나 마감 기일에 따라 순서를 정한다. 이렇게 함으로써 한눈팔지 않고 당장 해야 할 일에 매진할 수 있다. 참고로 항목 중에는 그다지 중요하지 않으면서 쉽게 할 수 있는 일이 있을 것이다. 이때 쉬운 것부터 우선 해치워야지 하는 유혹을 버려야 한다. 그러다 보면 그만큼 전체적으로 일정이 미뤄진다.

❹ 재작성하기

리스트를 카테고리별로 작성하고 중요도에 따라 순서를 정했다면 리스트를 처음부터 다시 만든다. 보기 좋게, 깨끗하게 리스트를 만들다 보면 한층 눈길이 가고 완수한 항목에 표시하고 싶은 마음이 커진다. 나는 리스트를 반복해 새로 작성하기를 좋아한다. 리스트가 너무 어수선하거나 내용이 장황하면 간단히 다시 정리한다. 자신에게 맞는 작업 시스템을 만들도록 하자.

❺ 반복하기

이루고자 하는 일이 있으면 필요한 만큼 여러 번 리스트를 만들 수 있다. 나는 매일 리스트를 만들고 필요할 때마다 추가할 것을 덧붙인다. 다음 날은 전날 생각지 못한 것이 또 추가된다. 이런 식으로 리스트 만들기는 끊임없이 반복된다.

숙련된 리스트 작성자가 되는 비결

물론 리스트 만들기에도 옳은 방법과 잘못된 방법이 있다. 단순히 종이에 이것저것 적는 것이 전부는 아니다. 세탁해야 할 빨랫감 리스트 같은 것은 그리 내키지 않을 뿐 아니라 질려버리고 만다. 리스트의 목적은 어디까지나 기분 좋게 하기 위함이지 짜증을 유발해서는 안 된다.

《하버드 마음 강좌 Organize Your Mind, Organize Your Life》의 공동 저자 마거릿 무어는 "모든 것을 리스트에 적고 보니 숨이 막히는 느낌이 들었다. 도저히 다 해낼 수 없다는 것을 스스로 잘 알기 때문이다"라고 토로했다. 따라서 그녀는 '최적의 양'만큼만 수행하라고 조언한다. '최적의 양'은 오로지 자신만이 알며, 그 역량은 사람마다 다르다.

"일이 뒤죽박죽 혼란스럽지 않아야 하고 스스로 컨트롤할 수 있는 적정 수준을 찾아야 한다. 물론 이것을 파악하기까지 각자 여러 번의 시행착오를 겪을 것이다."

리스트를 만들 때 가장 중요한 문제는 실제 행동으로 옮겨 목표를 성취하는 것이다.

잘 만든 리스트는 이를 한결 수월하게 만들어준다. 그 비결을 알아보자.

❶ 리스트를 평가한다

- **우선순위 정하기**　앞에서도 언급했지만 '투두 리스트'를 짤 때 가장 중요한 것은 우선순위일 것이다. 모든 항목을 다 리스트에 올릴 수 없다는 사실을 명심하자. 지금 정말 해야 할 일은 무엇인가? 그리고 다음으로 미뤄도 될 일은 어느 것인가?

- **현실적으로 판단하기**　이것은 언제나 어려운 문제이다. 너 자신을 알라! 곧 네가 무엇을 할 수 있는지 알라! '투두 리스트'를 만들 때 스스로에게 정직하면서 현실적인 판단을 내리기가 쉽지는 않다. 당장이라도 리스트에 있는 모든 항목에 해치웠다는 표시를 하고 싶은 욕구에 사로잡힌다. 어떤 것이 먼저인지 냉철하게 판단하는 능력은 매우 중요하며 성과에 엄청난 차이를 낸다. 예를 들어 옷장을 정리하는 데 2시간이 걸리는데 30분 후 의사와 진료 약속이 잡혀 있다면 지금 당장 옷장을 정리하는 것이 현명한 선택은 아닐 것이다.

- **구체화하기** 리스트를 막연하게 만들지 말고 요점을 잘 파악해 구체적으로 만드는 것이 리스트를 실천에 옮기는 데 도움이 된다. 단순히 '차고 정리'라 할 것이 아니라 그 일을 할 때 필요한 각 단계에 초점을 맞춘다. 구체적으로 예를 들면 다음과 같다.

- ☑ 축제 장식품 치우기
- ☑ 연장을 한곳에 모아 정리하기
- ☑ 차고 잡동사니 치우기

행위를 구체적으로 세분하여 표현하는 것이 목표에 집중하도록 도와준다. '마트 가기'보다 '샐러드, 토마토, 아보카도 사기'라는 표현이 효율적이다. 후자가 더 방향성이 분명하다. 덕분에 쇼핑이 한층 손쉽고 빨라진다.

❷ 리스트를 강화한다

- **현실화하기** 때로는 작은 것이 더 나을 때가 있다. 쉽게 할 수 있는 일 몇 개가 리스트에 올라와 있으면 금세 해치울 수 있다는 생각에 기분이 한결 좋아진다. 앞서 '쉬운 일을 먼저 해서는 안 된다'고 했는데 가끔은 쉬운 일을 처리하는 것이 동기 유발에 큰 도움을 주기도 한다. 의욕을 느끼고 끝까지 완수할 수 있는 리스트를 만들자.

- **분리하기**　일상의 모든 영역에서 이루고자 하는 일을 리스트 하나에 다 담는 것은 너무 무지막지한 일이다. 실행해야 할 일의 성격에 따라 각각의 다른 리스트를 만들어라. 그래야 질리지 않고 혼동하지도 않는다.

❸ 리스트를 남에게 맡긴다

- **아웃소싱하기**　온라인 서비스 대행 업체인 태스크 래빗Task Rabbit의 CEO 리어 부스키는 매우 똑똑한 여성으로 언젠가 내게 이런 말을 했다. "할 수 있다고 해서 반드시 내가 해야 하는 것은 아니죠." 이 말은 매사를 직접 해치워야 직성이 풀리는 내게 큰 경종이 되었다. 때로는 직접 하지 않고 남에게 위임할 수 있어야 인생을 바꿀 수 있다.

- **간단히 'No'라고 말하기**　진짜 하고 싶지 않은 일을 맡지 않았을 때, 내가 얻는 것을 한번 상상해보자. 'No'라는 말 한마디면 인생을 돌려받을 수 있다. 함께 차 한잔하자거나, 함께 영화 보자는 제안이 들어주기 어려운 일은 아니지만 마지못해 빚을 갚는 심정으로 'Yes'라 대답하지 않는 것이 중요하다. 자신의 시간은 매우 소중하다는 사실을 한시도 잊지 말자. 아이의 학교 소풍에 인솔자 지원을 거절하거나 직장에서 새로운 프로젝트를 맡지 않아도 좋다.

시간을 써도 좋다고 판단되는 일이 아니라면 엮이지 마라. 그래야 스케줄에서 자유 시간을 더 많이 만들 수 있고, 생산성도 높아진다. 물론 이것을 실천에 옮기는 것은 말처럼 쉽지 않다. 그러나 일단 시작해보면 훨씬 능률적이라는 사실을 체감할 것이다.

나는 'No'라는 말을 많이 한다. 부단히 노력하고 연습해서 익혔다. 예를 들어 수요일이면 퇴근 후 오롯이 나만의 시간을 갖는다. 대개 남편은 수요일에 야근을 하는 편이어서 친구들과 저녁을 함께하거나, 여유롭게 네일 숍에 가거나, 생각나는 유쾌한 일을 이것저것 해본다.

때로 누군가 부탁을 하면 사적인 계획이 있더라도 '어차피 특별한 일도 아닌데, 뭐'라면서 쉽게 변경해버린다. 나는 더 이상 그렇게 하지 않기로 했고, 덕분에 더 행복하다. 나에게는 책을 읽거나, 그냥 빈둥빈둥 쉬거나, TV를 보거나, 블로그 작업을 하는 일이 매우 소중하다. 나만의 약속을 깨지 않는 것은 이 시간이 나를 살찌운다는 사실을 깨달았기 때문이다. 친구와의 외출이나 다른 사회적 활동만큼 중요하다는 사실을 알게 된 것이다.

자, 그럼 이제 직장으로 옮겨가보자. 이런! 직장에서는 'No'라고 말하기 어려울 때가 아주 많다. 때로는 'Yes'라는 대답 이외에 다른 선택의 여지가 없다. 이럴 때는 투두 리스트를 보면서 무언가 상쇄할 것이 없는지 다시 살핀다. 예를 들면 내가 하던 일에 새로운 사람을 투입하거나, 아니면 그 일을 아예 다른 팀원에게 넘겨준다. 언제 그만둘지, 언제 아웃소싱할지 잘 아는 것도 인생을 구원하는 지혜가 된다.

자, 이제 'No'라고 말하는 꽤 좋은 방법을 몇 가지 살펴보자.

☑ "그 일은 아무래도 하지 못할 것 같습니다(혹은 그 행사에는 못 갈 것 같습니다). 하지만 ○씨라면 **훌륭하게 해내리라 생각합니다.**"

: 사람들은 해결책을 원한다. 그리고 대신할 사람을 찾아주었으니 내 몫은 했다는 느낌을 줄 수 있다.

☑ "○주 내에 검토해보도록 하겠습니다. 그때쯤이면 스케줄이 빌 예정입니다. 도와드리고 싶은 마음은 간절합니다."

: 현실적으로 일정표에 빈 곳이 있는지 판단해야 한다. 시간이 넉넉한지 확인한다.

☑ "평소라면 바로 해드릴 텐데, 요즘 새로 시작한 일이 있어서 얼마나 해야 하는지 가늠이 잘 안 돼요. 죄송한데, 지금은 일이 너무 많아서 곤란하군요."

: 감추는 것 없이 솔직히 대답하면 사람들도 호의적으로 반응한다.

❹ 마감 시간을 설정한다

방송국 프로듀서로서 이것의 중요성을 누구보다 잘 안다. 이것은 대단히 효과적이다. 마감 시간을 설정하면 미완성 작업이 눈에 띄게 줄어든다. 추수감사절(11월 넷째 주 목요일-옮긴이) 메뉴를 핼러윈(10월 31일 밤)까지는 만들어야지 하고 머리에 새겨놓으면 실제로 그렇게 된다. 바로 이런 이유로 나는 매년 8월에 연말연시 선물을 구입하기 시작한다. 일찍 서두르면 칠면조를 먹는 날 전날까지 미친 듯이 돌아다니지 않아도 된다.

이 방법은 간단한 '투두 리스트'에도 적용된다. 나는 리스트의 항목에 시간을 계산해 넣는다. 예를 들어 세탁소까지 걸어서 15분 걸린다면, 그전의 할 일이 오후 2시까지 끝나야 하므로 이를 사전에 십분 고려한다. 이처럼 리스트는 계획한 일을 확실히 실행에 옮길 수 있도록 만들어야 한다.

• 알고 있나요? •

포모도로 테크닉

포모도로 기법이라 불리는 시간 관리 요령이 있다. 1980년대 프란체스코 치릴로라는 사람이 고안한 것으로, 토마토 모양의 키친 타이머에서 이름이 유래했다. 방법은 '포모도로(포모도로란 이탈리아어로 토마토)'를 25분 간격으로 조정해 일을 하는 것이다. 25분이 되어 타이머가 울리면 잠시 쉴 수 있다.

1시간보다 25분은 관리하기가 한결 편하기 때문에 나는 이 아이디어를 좋아한다. '지금부터 1시간 동안은 꼬박 열심히 해야지' 하고 계획했지만 실제로는 얼마나 산만했는지 돌이켜보자. 이 방법은 단시간에 훨씬 집중하도록 하며, 성공할 가능성이 더 높다.

나도 이와 비슷한 방법을 쓰곤 한다. 예를 들어 현재 시간이 오후

12시 36분이고 엄마의 생일 선물을 골라야 한다면 자신에게 '오후 1시까지 선물 사는 데 집중하고 이후엔 다른 일을 해야지' 하고 말한다. 이렇게 일정 시간을 설정해놓으면 그동안만큼은 한 가지 일에 집중할 수 있다. 정해진 마감 시간이 언제인지, 언제쯤 일이 끝날지 알기 때문에 일에 더욱 매진할 수 있다.

❺ 스스로에게 보상한다

이것이야말로 내가 제일 좋아하는 단계이다. 포상이 걸리면 특히 '투두 리스트'는 효과가 지속된다. 뭔가 바라는 것이 걸려 있다면, 각각의 항목에 완수한 표시로 밑줄을 치는 일이 한층 짜릿하다. 나는 늘 이런 식으로 협상한다. 예를 들면 '이 원고를 끝내면 10분 동안 페이스북을 할 수 있어'라고 스스로에게 말한다. 사소한 보상이라도 효과는 만점이다.

❻ 재차 상기한다

해야 할 모든 일을 하나하나 다 기억하기는 힘들다. 정작 투두 리스트를 만들어놓고도 이를 잊어버릴 수도 있다. 그러므로 뭔가 상기하는 장치를 만들어둘 필요가 있다.

나는 휴대전화의 일정 관리 등을 통해 하루에도 몇 번씩 알림이 울리도록 한다. 손으로 직접 리스트를 쓰는 것 외에 이런 알림 장치를 이용하면 모든 일을 마감 시한까지 완수하는 데 큰 도움이 된다.

좋은 선물은
작은 포장에 들어 있다

어떤 사람은 포스트잇 한 장에 리스트를 만든다고 한다. 해야 할 일은 많지만 안타깝게도 하루의 시간은 한정돼 있다.

정리 전문가이자 dClutterfly.com의 운영자 트레이시 매커빈은 긴 투두 리스트에 더해 부수적으로 포스트잇을 활용한다고 한다. "마스터 리스트라고 부르는 것은 노트에 적습니다. 그리고 수일 내에 할 일로 빼곡한 포스트잇을 맨 위에 붙여놓지요. 덕분에 빨리 처리해야 할 일을 금세 파악할 수 있습니다."

30가지 일을 하는 것보다 3가지 일을 하는 것이 훨씬 간단하다. 이건 아주 간단한 수학 문제이다. 트레이시의 방법은 직장에서 생산성을 높이거나 사교 모임을 계획하거나, 심지어 마트에 너무 오래 머물지 않도록 제한할 때도 매우 유용하다.

그럼 지금부터 포스트잇 한 장에 투두 리스트를 만들 때의 장점을 알려주겠다.

- 포스트잇은 지면이 한정되어 있으므로 일의 우선순위를 한정할 수밖에 없다. 가장 중요한 것만 리스트에 남는다. 그렇지 않으면 노랑 종이 밖으로 넘칠 수 있다.
- 작은 리스트에 담긴 것을 모두 해치웠다면 그날 일은 모두 끝! 이제부터는 자유 시간이다. 릴랙스!
- 인생은 어떤 일이 벌어질지 모른다. 리스트에 남아 있는 과제가 '양말 서랍 정리하기'와 '웹 서핑하기' 정도라면 돌발 상황도 좀 더 가뿐할 것이다.
- 심지어 떼었다 붙일 수 있다. 할 일에 따라서 노트북 한쪽 끝에 붙이기도 하고, 휴대전화 뒷면 혹은 욕실 거울에 붙일 수도 있다. 시선이 가는 곳에 붙여두면 생산성이 올라간다.
- 포스트잇 한 장에 매일의 투두 리스트 만들기를 습관화하면 하루 중 계속해서 일이 더 늘어나는 사태를 막을 수 있다. 리스트의 사이즈가 두 장으로 늘어나는 순간 그 리스트를 완수하지 못할 것이라는 압박감이 커진다.

나도 포스트잇을 이용하지만 투두 리스트에는 쓰지 않고 다른 사람과 함께 일하거나 지시를 내릴 때 주로 활용한다. 예를 들어 어떤 일을 넘겨줄 때 이런 식으로 메모를 남긴다. '이 일은 월요일에'라거나 '교정 한번 봐주세요', 그 밖에는 특별하고 짤막한 리스트를 만들 때 포스트잇을 이용하기도 한다.

───── • 알고 있나요? • ─────

포스트잇의 알려지지 않은 6가지 진실

포스트잇은 어디에나 있다. 이제 사람들은 어디서나 이것을 사용한다. 기억해야 할 것, 투두 리스트 등 여러 상황에서 포스트잇을 활용한다. 책상 위에, 여기저기 종이 위에, 서류철에, 잡지 곳곳에, 심지어 휴대전화에까지 포스트잇이 언제나 부산스럽게 붙어 있다.

포스트잇이 어떻게 생겨났는지 한 번쯤 생각해본 적 있나? 포스트잇 탄생에는 흥미로운 사실 몇 가지가 있다.

▸ 이 작은 메모지는 1968년 우연히 생겨났다. 포스트잇을 의도적으로 개발한 것은 결코 아니다.

▸ 3M 연구실에서 일하던 스펜서 실버는 1968년 초강력 접착제를 개발하던 중 재사용이 가능한 접착제를 만들었다.

▸ 3M 제품 개발자인 아서 프라이는 자신의 찬송가 책갈피에 접

착제를 붙여보고는 3M의 축복과도 같은 이 아이디어 제품을 개
발했다.

▸ 가장 대표적인 연한 노란색 역시 우연히 정해진 것이다. 접착
제를 테스트할 때 사용한 종이가 바로 이 색이었다.

▸ 포스트잇은 1980년이 되어서야 매장에서 큰 히트를 쳤다.

▸ 다른 색의 포스트잇도 있지만 연한 노란색(일명 카나리아 노랑)
의 포스트잇이 가장 잘 팔린다.

노트에는 손 글씨가 제맛

리스트를 쓸 때 가장 애용하는 것은 노트이다. 나는 줄이 쳐져 있고 뭔가를 적을 수 있는 여백이 많은 노트를 선호한다. 덕분에 프로젝트와 목적별로 여러 권의 공책을 가지고 있다. 일례로 공책 하나는 이 책을 쓰는 용도로 주로 활용한다. 보라색 표지로, 여기에는 인터뷰할 때 물어본 질문, 각 장의 개요, 마감까지 끝내야 할 일이 빼곡히 적혀 있다. 직장에서는 위쪽에 스프링철이 있는 공책을 사용한다. 내가 왼손잡이여서 스프링이 위에 있는 것이 편하다.

포스트잇도 무척 좋아하지만 여러 생각을 쏟아내기에는 부족할 때가 많다. 그리고 포스트잇은 작고 떼었다 붙일 수 있는 장점이 있지만 잃어버리기 쉽다는 단점도 있다.

나는 리스트 만들기에 디지털 기기를 적극적으로 사용하는 디지털 광팬이지만, 손 글씨로 적은 리스트는 뭔가 더 특별한 느낌을 준다.

트레이시 마크스 박사는 다음과 같은 점을 지적한 바 있다. "종이에 적은 것은 쉽게 손에 집어 들 수 있지만, 앱을 사용할 때는 로그인을 하거나 휴대전화를 켜야 하는 차이가 있죠. 후자는 정보에 접근하기 위해 단계를 거쳐야 하지만, 전자는 '여기 있군' 하면서 집어 들 수 있고, 뒤집어볼 수 있고, 만져볼 수 있고, 서랍에 넣어둘 수도 있다는 점에서 차이가 납니다."

글씨 쓰는 일보다 자판을 두드리는 일이 더 많다 보니 최근 들어 손 글씨가 점점 나빠졌다. 하지만 여전히 직장에서 매일 투두 리스트를 쓸 때는 공책과 연필을 이용한다. 살림의 여왕 마사 스튜어트의 잡지 〈리빙Living〉 2013년 8월호에 "손 글씨는 사라지는가?"라는 제목의 글이 실렸다. 이 글에는 인디애나 대학의 한 연구가 소개되었다. 연구자들이 취학 전 아동을 두 그룹으로 나누어 각기 MRI 촬영을 했다. 한 그룹은 철자와 기호를 자판으로 치도록 배웠고, 다른 한 그룹은 손으로 쓰도록 배웠다. 그런데 자판으로 철자를 배운 아이들은 철자와 철자가 아닌 모양을 잘 구별하지 못한 반면에 손으로 글씨를 쓰도록 배운 아이들은 수월하게 구별해냈다. 이 결과는 손으로 글씨를 쓰는 것이 자판을 두드리는 것보다 우리 뇌가 더 잘 배우고, 더 잘 기억한다는 사실을 알려준다.

패스워드도 비슷하다. 패스워드를 너무 잘 잊어버리기 때문에 여간

성가신 것이 아니다. 아무 생각 없이 자판을 두드리기 때문에 패스워드가 늘 뇌에서 사라지는 듯하다. 아마도 손으로 직접 적는다면 훨씬 더 잘 기억할 것이다.

☑ 활용하면
성공한다

4

성공한 사람들이
과중한 업무를 완수하는 비결

리스트와 관련한 블로그를 운영하면서 알게 된 사실 중 하나는 성공한 사람들은 대부분 매일 리스트를 활용한다는 것이다. 업계나 직종을 막론하고 CEO, 경영자, 임원들은 리스트를 쓰며 과도하게 많은 업무를 컨트롤한다.

리스트를 만들 때나 더 잘 만드는 방법을 알고 싶을 때 명심해야 할 것은 자기에게 맞는 방식을 찾아야 한다는 것이다. 나뿐 아니라 다른 사람이 알려주는 노하우가 모두에게 다 유용하지는 않는다. 자기의 패턴에 맞는 리스트 만드는 방식을 찾아내 그것에 익숙해져야 한다.

투두 리스트를 하루 종일 나의 '컨트롤 타워'로 삼는다. 거기에는 각종 업무와 메모, 상기해야 할 일이 가득 채워져 있다. 모든 내용이 잘 구분되어 있기 때문에 혼란스럽지 않다.

최근 나의 블로그를 봤다는 조시라는 사람에게 이메일 한 통을 받았다. 그는 내게 이런 질문을 했다. "리스트 만들기를 즐기고, 그것이 큰 도움이 된다는 사실도 알았습니다. 그런데 리스트를 어떻게 만드는 게 좋을지 아직 잘 모르겠습니다. 리스트의 형식을 어떻게 만들지 고민입니다. 그냥 여기저기 적는 게 아니라 보기 좋은 리스트를 만들고 싶은데, 폴라 씨 당신은 어떤 형식으로 리스트를 만드십니까?"

아주 좋은 질문이다! 나는 매일 밤 직장에서 책상을 떠나기 전에 리스트를 적는다. 시간이 얼마나 걸리든 상관없다. 집까지 헐레벌떡 뛰어가야 할 수도 있지만 리스트를 반드시 완성하고 나서 퇴근한다. 어떤 날은 뭔가가 생각나면 낮부터 이 리스트 만들기를 시작하기도 한다. 요는 내일을 위한 리스트를 전날 만드는 것이다. 그래야 출근해서 아침 시간을 충실하게 보낼 수 있다. 리스트가 있으면 하루가 얼마만큼 가는지 볼 수 있는 로드맵을 손에 쥔 것과 같다. 리스트 덕분에 아침부터 스트레스 받을 일이 줄어들고, 우선적으로 손대야 할 일을 바로 시작할 수 있다.

업무용 리스트 공책에 내일 해야 할 일을 자세히 적는다. 하루하루의 투두 리스트가 한 장에 채워진다. 방식은 다음과 같다.

❶ 맨 위에 날짜를 적는다

나중에 찾아볼 때 날짜가 있어야 보기 편하다.

❷ 해야 할 일을 하나하나 적는다

매일 반복적으로 해야 하는 일을 포함해 그날 진행할 일을 하나하나 자세히 적는다. 살다 보면 뭔가 돌발적으로 일이 발생하기 마련이어서 잘 아는 일이라도 모두 적어두는 것이 좋다. 그뿐 아니라 늘 하는 일은 꼭 하게 되기 때문에 해치웠다고 표시하는 즐거움도 늘어난다.

❸ 마감 시간에 따라 일의 순서를 정한다

나는 일이 일어나는 순서에 따라 리스트를 작성한다. 예를 들면 노트 왼쪽에 'AM 11:00'라고 전화가 걸려오기로 한 약속을 적는다. 그러면 하루 종일 업무에 집중할 수 있다.

이렇게 하면 완벽할까? No! 장담하건대 예기치 못한 상황이 불쑥 끼어들 것이다. 그렇기 때문에 융통성이 있어야 하고, 필요하다면 리스트에 항목을 추가할 수 있어야 한다. 이럴 때 내가 쓰는 방법은 다음과 같다.

❹ 필요에 따라 업무를 추가한다

퇴근했는데 갑자기 다음 날의 '투두 리스트' 항목이 생각날 수 있다. 이때는 즉시 휴대전화 일정표에 기입해둔다. 이 팝업 메시지가 다음 날의 리스트에 추가할 수 있도록 상기시킬 것이다. 회의 중이거나 기타 다른 이유로 팝업 메시지를 보지 못하는 불상사가 발생하지 않도록 시간을 잘 지정해두는 것이 중요하다. 팝업 메시지가 뜨면 바로 내용을 리스트에 추가할 수 있어야 한다.

하루 중 전혀 예상하지 못한 일이 갑자기 등장할 때도 있다. 이때는 일단 돌발적인 업무를 추가할 수 있는지 리스트 전반을 검토해본다. 당일에 해내기가 어렵다면 다음 날로 돌릴 수 있는지, 혹은 다른 사람에게 맡길지 판단한다.

❺ 어디까지 일이 진척됐는지 확인할 수 있다

나의 리스트 노트 왼쪽 아래에는 '중단된 업무'를 적는 자리가 만들어져 있다. 일을 하다가 예기치 못하게 중단했을 때 하던 일이 무엇인지 적는 곳이다. 그렇게 해야 나중에 다시 시간이 날 때 중단한 일로 쉽게 되돌아갈 수 있다. 아주 사소한 일이지만, 덕분에 나중에 일을 다시 시작할 때 헤매는 수고와 시간을 덜 수 있다.

❻ 사적인 일은 별도의 칸에 적는다

내가 쓰는 공책은 한가운데 세로줄이 그어져 있다. 왼쪽에는 업무상 해야 할 일을 적고, 오른쪽엔 개인적인 내용을 적는 공간으로 나누어 사용한다. 사적인 일과 공적인 업무를 완전히 구별하는 것이 쉽지는 않다. 심부름을 해야 한다든지, 전화 통화가 필요한 일, 혹은 직장에 있더

라도 기억해야 할 모든 사적인 내용은 노트 오른쪽에 적는다. 구체적
으로 '은행 ATM 들르기' '세탁물 찾기' 같은 일이 적혀 있다.

❼ 메모할 수 있는 공간을 남겨둔다

나는 모든 것을 메모하는 습관이 있다. 전화 내용, TV 쇼, 잡지, 가십
등 이런 자질구레한 내용은 리스트 공책 맨 위 오른쪽 메모난에 따로
적는다. 내용이나 종류에 상관없이 당일 하루 동안 알게 된 잡다한 내
용이 여기에 다 있다.

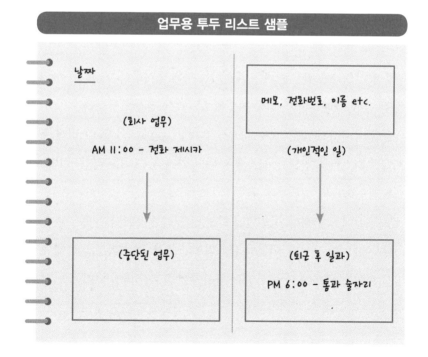

업무용 투두 리스트 샘플

날짜

(회사 업무)

AM 11:00 - 전화 제시카

(중단된 업무)

메모, 전화번호, 이름 etc.

(개인적인 일)

(퇴근 후 일과)

PM 6:00 - 톰과 술자리

아침 투두 리스트 패턴

업무용 리스트를 만드는 나의 패턴이 모두에게 적합하지 않다는 사실을 잘 안다. 그렇지만 한 번쯤 시도해보는 것은 괜찮을 듯하다.

온라인 서비스 대행 업체인 태스크 래빗Task Rabbit의 CEO 리어 부스키는 리스트를 만드는 시스템이 나와 다르다. 그녀는 아침에 리스트를 만든다.

"사무실에 도착해서 가장 먼저 하는 일은 책상에 앉아 하루 일과 리스트를 만드는 것이다. 이것이 끝나면 리스트를 하나 더 만드는데 경영진 회의에 필요한 관련 사항과 핵심 주제를 빠뜨리지 않기 위한 내용이다." 이 내용은 그녀가 나의 블로그에 방문해서 올린 글이다.

성공적인 회의 준비

리어 부스키의 글에서 좋은 주제를 하나 발견할 수 있다. 당신은 회의 준비를 어떻게 하는가? 나는 블로그 관리와 이 책의 준비 작업을 하면서 몇몇 인턴의 도움을 받았다. 인턴들과 모여 대화할 때 항상 리스트를 준비했다. 회의에서 다루고자 하는 내용을 사전에 잠시 생각하면 회의 안건에 집중하기가 한결 수월하다. 요점 없이, 아무 성과도 없이 모이기만 하는 회의를 많이 경험해보았을 것이다. 나 역시 그런 회의에 수없이 참석했지만 정말이지 미치도록 도망치고 싶었다.

나는 개인적으로 조 듀랜과 함께 일해보고 싶은 바람이 있다. 조는 유나이티드 캐피털United Capital이란 굴지의 자산 운용 회사 설립자다. 이 회사의 업무 환경이 대단히 훌륭한 이유는 체크 리스트 없이는 절대 회의를 하지 않는 조 듀랜의 원칙 때문이라고 생각한다. 그는 체크 리스트 없이 찾아오는 사람은 당장 돌려보낼 것이다.

"우리 회사의 회의 시간은 보통 다른 곳의 절반 정도밖에 되지 않습니다. 하지만 효과는 적어도 2배 이상이죠. 그러니까 생산성이 4배로 높다는 계산이 됩니다"라고 그는 말하였다.

한 가지 분명히 할 것은 체크 리스트는 회의를 위한 의제가 아니라는 점이다. 이 두 가지는 완전히 별개다. 체크 리스트 항목은 좀처럼 변하는 것이 아니다. 조 듀랜의 회사 직원이 가진 체크 리스트에는 예컨대 지난주 회의 안건의 업데이트 정보, 고객 전략 재검토안, 곧 있을 행사 상황 점검 등과 같은 항목이 들어 있을 것이다. 이런 항목은 설령 이번 주에 논의할 필요가 없다 해도 매주 체크 리스트에 올라 있다.

"체크 리스트 없이 일관성을 유지하는 것은 거의 불가능합니다. 항상 지속적으로 일을 수행하기 위해서는 반드시 체크 리스트가 있어야 합니다." 그는 《체크! 체크 리스트The Checklist Manifesto》를 읽고 2010년부터 체크 리스트 시스템을 도입했다고 한다. 그는 콘셉트에 매료된 나머지 전 직원에게 이 책을 읽혔다. 처음에는 체크 리스트를 달갑게 여기지 않는 분위기도 있었지만 지금은 직원들도 이를 받아들이고 적극적으로 실행한다고 한다.

"우리 회사의 회의는 간단명료하고 군더더기가 없습니다. 모두 미리 준비를 해오죠. 솔직히 말하면 체크 리스트를 준비하는 일은 직원들이 장차 중역이 되기 위한 훈련이라고도 할 수 있죠."

팀플레이를 위한 리스트 활용술

다른 사람과 함께 일하는 것은 그 자체가 하나의 큰 과제가 되기도 한다. 일하는 사람 모두가 책임감과 집중력, 생산성을 높이는 것이 프로젝트 성공의 큰 관건이다. 회의를 하거나 상황을 점검하는 일은 원활한 진행을 위해 필요한 작업의 일환이다. 그러나 이외에도 공동 프로젝트에 도움을 주는 것이 대단히 많다. 여기에 알아두면 좋은 아이디어 몇 가지를 소개한다.

❶ 책임 의식을 갖게 만든다

팀플레이에서는 누가 어떤 일을 맡는지 명확하게 하는 것이 대단히 중요하다. 어떤 프로젝트든 시작하면 바로 이것이 선결되어야 한다.

이렇게 함으로써 한 명의 핵심 인물이 정해지고, 그가 잘되든 못되든 엉망진창이 되든 책임지게 될 것이다.

❷ 테크놀로지를 활용한다

공동으로 일할 때 효율적으로 작업할 수 있게 도와주는 프로그램이 개발되어 있다. 팀이 잘 돌아가는지 확인할 때 이런 프로그램을 시도해보는 것도 좋은 방법이다.

- **에버노트**Evernote 에버노트는 메모, 아이디어, 리스트 등 여러 가지를 한곳에 보관할 수 있는 강력한 툴이다. 스마트폰과 컴퓨터, 그 밖의 다양한 플랫폼에서 사용할 수 있고 클라우드 기반이라 어디서나 최신 정보 업데이트가 가능하다.

  나는 에버노트의 광팬이다. 블로그 작업을 위해 인턴들과 함께 일할 때 에버노트를 애용한다. 모두가 접근할 수 있는 폴더를 공유해 누구든 블로그에 올릴 아이디어가 떠오르거나 좋은 글을 보면 항상 에버노트에 올려놓는다. 또 각자 투두 리스트를 만들어 어떤 일이 아직 끝나지 않았는지 모두 손쉽게 확인할 수 있다.

  매주 모임을 하기 전에 이번 모임의 안건 목록을 에버노트에 올려놓는다. 누구나 열람할 수 있고, 원한다면 새로운 항목을 추가할 수도 있다. 이 방법은 팀원들이 알아야 할 모든 사안에 집중하게 해준다. 지난 안건을 되돌아볼 수도 있으며 아직 해결하지 못하고 계류 중인 문제가 있는지 쉽게 파악한다.

에버노트는 공동으로 집필할 때도 매우 유용하다. 가령 블로그에 올릴 어떤 아이디어가 떠오르면 구체화되지 않은 미완성 메모를 일단 에버노트에 올린다. 그리고 인턴들에게 공백을 메울 수 있는 여러 가지 조사와 연구를 부탁한다. 에버노트로 여러 사람이 작업을 공유할 때는 반드시 각자의 글자 색을 미리 정해두는데, 이렇게 하면 누가 바꾸었고 새로운 제안을 추가했는지 알아볼 수 있다.

에버노트는 무료다. 하지만 비즈니스용으로 활용할 때는 비용이 든다. 나는 양쪽을 다 사용하는데, 비즈니스용도 비용을 지불할 만한 가치가 있다.

- **구글 독스**Google Docs　구글의 구글 독스에 비교적 늦게 입문한 편이지만, 아주 유용하게 쓰고 있다. 구글 독스를 이용해 표나 문서를 만들어 여러 사람과 공유할 수 있다. 누가 고쳤는지 쉽게 알아볼 수 있고, 메모를 남기거나 업데이트하는 것도 매우 간단하고 편리하다. 특히 문서 편집이나 아이디어를 위한 브레인스토밍을 할 때 구글 독스가 큰 도움이 된다.

- **아사나**Asana　팀을 이뤄 공동으로 작업하는 이들을 위한 웹 서

비스가 우후죽순으로 나오고 있는데 아사나도 그중 하나이다. 언젠가 블로그에 디지털 라이프 전문가인 칼리 노블로치Carley Knobloch를 소개한 적이 있는데 그때 그녀가 아사나를 처음으로 알려주었다. 그녀는 일단 투두 리스트를 만들고 이를 아사나에 집어넣은 뒤 필요에 따라 업무를 나눈다고 했다.

아사나는 프로젝트 관리를 위한 일종의 계기판이라 할 수 있다. 아사나의 기본 개념은 구성원이 각자의 과제를 할당하고, 서로 아이디어를 쉽게 공유할 수 있게 하는 것이다. 누군가 과제를 마치고 리스트에 완수했다는 표시를 하면 팀 전원이 이를 전달받는다. 업무를 각인시키는 알림 기능뿐 아니라 각각의 마감 시간을 지정할 수도 있다. 이로써 일일이 간섭하지 않고도 팀원들이 책임감을 유지하며 과제를 함께 진행할 수 있다.

팀원끼리 업무 관련 메시지를 주고받을 수도 있는데, 메시지가 저장되기 때문에 누구든지 전후 사정을 살필 수 있다. 덕분에 늘 메일을 보내는 번거로움을 덜 수 있고, 나중에 답장을 찾느라 헤맬 필요도 없다. 그 밖에 특정 과제와 관련한 파일을 올리고, 하위 작업을 만들 수도 있다.

하위 작업은 여러 사람이 함께 일할 때 특히 중요하다. 예를 들어 새로운 고객이나 신입 사원을 상대할 때를 생각해보자. 신입자가 어떤 사람이든 그들에게 알려주는 초기 구성은 똑같으며 이것이 매번 반복된다. 바로 이런 프로그램처럼 체크 리스트를 활용할 수 있다.

하위 과제를 설정하고 사람들 각자에게 이를 나눈 뒤 수행하도록 하는 것이다.

새로운 인턴이 올 때마다 내가 시키는 과제는 다음과 같다

- ☑ 이메일 주소를 설정한다
- ☑ 업무와 책임 사항을 인지한다
- ☑ 에버노트 계정을 만든다

이런 일을 아사나에 넣어놓으면 필요할 때마다 다른 사람이 볼 수 있다. 모든 것이 한곳에 있으므로 찾기 쉬울 뿐 아니라 과제가 언제 끝날지 확인할 수 있다. 각종 정보를 한곳에 보관하는 기능도 있어서, 패스워드나 사용자 이름 혹은 특정 고객의 FTP 어드레스 같은 정보를 저장해두기에도 대단히 편리하다.

❸ 고전적인 방법도 적극 활용한다

내가 처음 일한 뉴스 룸에는 커다란 화이트보드가 있었다. 담당 편집자가 기자들이 보내올 아이템을 화이트보드에 적고, 그중에서 뉴스에 나갈 토픽을 정했다. 리스트에는 함께 간 카메라맨이 누구이며, 현장이 어디이고, 마감 시간이 언제인지까지 적혀 있었다. 한눈에 정보를 파악할 수 있는 좋은 방법이었다. 이런 식의 고전적 방법은 여전히

일상에서나 장기 과제 달성에 도움이 될 수 있다.

손 글씨로 적은 리스트 또한 나름대로 효과가 있다. 메이븐 퍼블릭 릴레이션스의 마케팅 CEO 린지 카넷과 이야기를 나눈 적이 있는데, 그녀는 직원들 각자가 투두 리스트를 만들게 한다고 말했다. "제가 먼저 마스터 리스트를 만들고, 그런 다음 팀원들에게 각자 리스트를 만들어 덧붙이도록 합니다. 덕분에 팀의 조직화가 잘 이루어지고, 업무의 우선순위를 정하는 데 효율성이 높아졌습니다. 사소한 실수도 한층 줄었지요."

● 알고 있나요? ●

자이가르닉 효과

심리학에서 쓰는 용어로, 완성된 것보다는 미완성된 것이 더 잘 기억되는 경향을 일컫는다. (출처: Merriam-Webster.com)

소련의 심리학자 블루마 자이가르닉Bluma Zeigarnik이 자신의 이름을 따서 명명한 것으로, 사람들은 시작한 것을 끝마치려는 욕구를 지녔으며 완성하지 못한 일은 계속 염두에 두는 현상을 말한다.

리스트를 이용한 프로젝트 관리

투두 리스트에 과제를 설정하면 반드시 행동으로 옮겨야 한다. 이를 위해 또 다른 리스트를 만들 수 있다. 투두 리스트를 하나 만들었다고 해서 끝이 아니다.

예를 들어 책을 쓰는 것이 이번 투두 리스트의 과제 중 하나라고 해 보자. 이것은 대단히 광범위한 일이므로 좀 더 작은 단계로 나눌 필요가 있다. 우선 책 쓰기 과제를 마칠 때까지 벌어질 일을 하나하나 따져본다. 예를 들면 다음과 같은 일이다.

- ☑ 아이디어 브레인스토밍
- ☑ 여러 사람의 아이디어 수렴

- ☑ 아이디어 수정
- ☑ 출간 기획서 작성 방법 배우기
- ☑ 출간 기획서 쓰기
- ☑ 저작권 대리인 구하기
- ☑ 출판사 정하기
- ☑ 원고 쓰기

마지막 단계까지 가도 만들어야 할 하위 리스트가 많을 것이다. 책 쓰기 단계에서는 실제로 글을 쓰는 시간을 언제 어떻게 낼지 등 다각적으로 문제를 파악하지 않으면 안 된다. 투두 리스트의 과제가 모두 간단한 일은 아니다. 개중에는 많이 생각하고 대단히 주의해야 할 일도 많다. 하지만 이런 점이 실행에 옮기는 열쇠가 될 수도 있다.

많은 사람이 내게 이런 말을 한다. "투두 리스트에서 항목을 지운 것이 하나도 없어!" 여기에는 그럴 만한 이유가 있다. 즉각 행동에 옮길 수 있도록 리스트를 만들지 않았기 때문이다.

■■■■■■ • 알고 있나요? • ■■■■■■

야후 CEO 머리사 메이어의 리스트 만들기

머리사 메이어는 대학 시절 친구의 영향을 받아 투두 리스트를 만들 때 가장 중요한 것부터 덜 중요한 것으로 순위를 매긴다고 한다. 친구는 다 끝내지 못한 일로 괴로워하기보다 끝내지 못한 과제가 있는 것을 오히려 즐거워했단다.

"리스트의 맨 끝까지 갔다면 그건 정말 실망할 일이죠. 왜냐하면 리스트의 맨 아래에 있는 덜 중요한 것까지 모두 하느라 시간을 할애했다는 의미이니까요." 그녀의 성공 비결은 어쩌면 중요하지 않은 일을 하느라 시간을 허비하지 않으려 노력한 덕분이 아니었을까.

5

☑ 집안일도
리스트를
만들면
척척

잡다한 집안일과의 전쟁에서 성공하기

사회생활에 더해 집안일까지 균형 있게 잘해내려면 그야말로 하루하루 전쟁을 치러야 한다. 병원 예약, 수도 배관 수리, 은행 업무, 애완견 산책, 세탁물 찾기, 저녁 식사 준비……. 우리의 일상은 숨이 막힐 정도로 빡빡하다. 이럴 때도 리스트를 활용하면 큰 도움이 된다.

우선 당신의 일상이 어떻게 채워지는지 돌아보자. 사람들은 대부분 주중에 직장에 나가기 때문에 주말에 집안일을 몰아서 한다. 주말을 오롯이 활용하지 않으면 안 된다. 계획을 잘 세우지 않으면 끝내지 못한 리스트를 다음 날까지 계속 안고 가는 불상사가 벌어지고 만다.

나는 상대적으로 직장보다 집안일에 리스트를 덜 엄격하게 만드는 편이다. 집에서도 역시 리스트 전용 기본 공책이 한 권 있다. 너비가 좁고, 두께가 얇으며, 줄이 쳐진, 기자들이 많이 사용하는 수첩이다. 이 작은 공책이 언제나 내 책상 위에 놓여 있다. 여기에는 다음 날, 다음 주, 다음 달까지 해야 할 모든 일이 꼼꼼히 적혀 있다.

그리고 필요하면 그날그날 투두 리스트를 따로 만든다. 이런 일은 주로 휴일에 일어나는데, 원래 잡힌 리스트 항목에 더해 가능한 범위에서 처리한다.

이 리스트가 있으면 그날 해야 할 일을 머릿속으로 정리할 수 있다. 만약 일주일 이상 세탁소에 맡겨놓은 세탁물이 있다면 이것을 찾아오는 일이 우선순위에 오른다. 이 리스트에도 마감 시간을 정해두는 것이 좋다. 먼저 해야 할 일은 위쪽에, 중요하지 않은 일은 아래쪽에 적는다. 간단히 끝나지 않는 일은 이후의 투두 리스트 맨 위에 오른다.

집안일 리스트를 만들 때 가장 중요한 포인트는 현실적이어야 한다는 점이다. 실제로 가능한 시간 안에 완수할 수 있는 일은 무엇인가? 또 그 일을 하는 데 시간이 얼마나 소요되나? 이것을 정해놓아야 시간을 절약할 수 있고, 자칫 중단했다가 다시 시작하는 상황을 막을 수 있다. 사람들은 "5분이면 도착해"라는 말을 많이 한다. 하지만 실제로는 20분이 지나도록 나타나지 않는다. 시간을 현실적으로 운용해야 한다. 그래야 더 많은 일을 할 수 있다.

또 언제 쉬어갈지 잘 판단하는 것도 무척 중요하다. 건강 컨설턴트 하이디 한나는 '오늘 모든 일을 다 해야 하는 것은 아니다'라는 사실을 깨닫고 인생이 달라졌다고 한다. "저의 '여유 만만 리스트'는 정오면 일을 다 완수할 수 있게 만듭니다. 그 후에는 편안히 쉬거나, 부담 없이 누군가의 심부름을 해주거나, 자유롭게 다른 일을 할 수 있죠. 오늘 해야 할 일을 모두 끝냈기 때문입니다."

여럿이 리스트 공유하기

어떤 일을 하기 위해 가족이나 주변 사람의 도움을 받아야 한다면? 이때는 리스트를 공유한다. 리스트를 공유하는 가장 간단한 방법이라면 전체 과제가 적힌 리스트 종이를 찢어서 각자 나누는 것이다. 물론 나누는 방식을 이것보다 조금 세련된 요즘 스타일로도 할 수 있다.

앞서 회사 업무에 아사나라는 관리 도구의 사용을 소개한 바 있다 (109페이지 참조). 이것을 집안일을 처리하는 데도 똑같이 활용할 수 있다. 우선 중요한 것은 '구성원' 모두 똑같이 정보에 접근할 수 있어야 한다는 것이다. 그래야 함께 진행할 수 있다. 이 같은 최신 툴을 이용해 약국에서 뭔가를 사오는 일이나, 소아과 의사에게 해야 할 질문 등 사소한 문제까지 효율적으로 과제를 분배할 수 있다.

리스트 없이 쇼핑 가지 마라

나의 장보기 리스트에는 늘 올라오는 동일한 품목이 있다. 우유, 잉글리시 머핀, 딸기, 블루베리, 라즈베리, 사과, 바나나, 햄, 빵 등은 매주 빠진 적이 없다. 그럼에도 어째서 리스트에 계속 적을까? 그 이유는 적어놓으면 기억해야 한다는 사실조차 기억할 필요가 없기 때문이다. 생각할 필요조차 없다.

아무 계획 없이 마트에 가면 백발백중 시간과 돈이 줄줄 샌다.

아마 모두 경험해봤을 것이다. 아보카도가 좋아 보여서 장바구니에 넣었지만 주방 한쪽에 마냥 있다가 결국 시들어버린다. 이런 낭비가 있나! 리스트가 있다면 마트의 선반 사이를 헤매지 않고 내 길을 똑바로 갈 수 있다. 레이저 포인터처럼 필요한 것만 딱 집어서 골라 담고 신속히 마트를 떠날 수 있으니, 시간 낭비도 줄일 수 있다.

다음에서 장보기 리스트를 만들 때 기억할 만한 아이디어 몇 가지를 보여준다.

❶ 며칠에 걸쳐 만든다

나와 남편은 일주일 동안 다 떨어져버린 물건이나 새로 필요한 물건을 계속 추가해 리스트에 적어놓는다. 이 일은 생각났을 때 바로 해야 잊어버리지 않고 효과적이다.

❷ 장보기 리스트는 항상 같은 장소에 둔다

나는 장보기 리스트를 항상 부엌 서랍에 놓아둔다. 정해진 자리가 있으면 리스트를 추가할 때 헤매지 않는다.

물론 이 방법은 리스트를 놔두고 장 보러 간다든지, 뭔가 사야 할 것이 떠오를 때 재빨리 주방 서랍으로 달려갈 수 없는 상황에는 곤란해지니 한계가 있다. 이런 문제를 일정 부분 해결할 수 있는 방법은 '디지털'이다.

그럼에도 나는 여전히 종이에 쓰는 걸 더 좋아한다. 만약 당신이 나처럼 학용품을 좋아하는 취향이라면 마음에 드는 종이와 펜을 준비해 볼 것을 권한다. 이런 사소한 것이 리스트 만드는 의욕을 한층 북돋우기 때문이다.

❸ 장 보러 가기 전 요리 계획을 세운다

마트에 가기 전 남편과 나는 일주일 동안 해 먹을 음식 메뉴를 미리 의논한다. 그리고 요리에 필요한 재료를 리스트에 추가한다. 이렇게 함으로써 쓸데없이 마트를 돌아다니며 시간을 버리거나 먹지도 않는 음식에 돈을 낭비하는 사태를 막을 수 있다. 그뿐 아니라 퇴근 후 집에 와서 무엇을 해 먹을지 고민하지 않아도 되므로 스트레스가 없다.

뭘 먹을지 계획하는 일이 두렵고 성가셔서는 안 된다. 일주일 식단을 수월하게 계획하는 방법을 몇 가지 소개한다.

- 가족이 좋아하는 음식과 요리 리스트를 만든다. 이것을 필요할 때마다 꺼내 보면 매우 도움이 된다. 이 리스트는 찾기 쉬운 곳에 둔다.
- 평소 먹고 싶은 레시피를 모아둔다. 이것 역시 반드시 한곳에 모아둬야 한다. 잡지에서 오린 것이든 인터넷에서 프린트한 것이든 상관없이 함께 스크랩한다. 디지털로 요리 레시피를 모아둘 수도 있다. 손쉽게 찾을 수 있게 저장해둔다. 나는 에버노트를 이용한다.

❹ 온라인으로 식료품을 구입한다

주중에는 인터넷 쇼핑을 이용한다. 쇼핑몰에서는 사고 싶은 식재료를 재빠르게 검색하고 이전의 쇼핑 목록을 참고할 수 있다. 조리된 요리를 구입하거나 레시피를 참고하는 등 마치 커닝 페이퍼처럼 활용한다. 마트를 돌아다니는 시간에 더 많은 생산 활동을 할 수 있다는 장점도 있다.

　그리고 자주 해 먹는 요리의 재료를 리스트로 만들어둔다. 이것이 있으면 매번 들어가는 재료가 뭔지 생각할 필요 없이 클릭 한 번으로 필요한 재료를 다 불러올 수 있다.

리스트로 리스크 회피하기

나는 숫자를 정말 싫어한다. 숫자 알레르기가 있지만 그 중요성만큼은 날이 갈수록 실감한다. 특히 재무 문제는 체계적으로 잘 관리해야 현명한 결정을 할 수 있고, 더 많은 돈을 모을 수 있다. 금융을 무시하거나 멀리하는 것은 결국 스스로 무덤을 파는 것과 같다. 유명 작가이자 재무 설계사인 수지 오먼은 이렇게 말했다. "아는 것이 힘이다!"

앞서 4장에서 소개한 자산 운용 회사 유나이티드 캐피털의 설립자 조 듀랜을 기억하는지. 체크 리스트가 없으면 회의를 하지 않는다는 인물이다. 그는 〈뉴욕 타임스〉가 선정한 베스트셀러 《머니 코드The Money Code: 지금 당장 당신의 재정 상태를 향상시켜라》의 저자이기도 하다.

이 책은 금융 상품을 잘 알고 선택할 수 있도록 도와주기 위한 내용이다. 우화 형식으로 쓰여서 나처럼 숫자를 싫어하는 사람도 쉽게 읽을 수 있으며 체크 리스트까지 포함되어 있다! 이 책에서 조 듀랜이 개인 자산 관리에서 가장 중요하다고 강조하는 포인트는 의사 결정을 할 때 감정을 배제하라는 것이다. 그러나 이것이 어디 쉬운 일인가! 그런데 이 어려운 문제를 체크 리스트의 도움을 받으면 얼마간 풀 수 있다.

"누구나 어떤 문제가 있거나 도전을 받을 때 사태가 심각해지기 전에 차분하고 이성적이고 위협적이지 않은 방식으로 처리하길 원한다." 조 듀랜의 말이다.

조는 부인과 함께 '토요일 아침 모임'을 꾸린다고 한다. 부인은 남편과 의논할 일, 예를 들면 두 사람이 함께해야 하는 사교 모임 일정, 가계 지출과 예산, 자녀의 교육처럼 중요한 문제를 체크 리스트로 만들어 온다. 일주일에 한 번, 이 시간 동안 부부가 함께 리스트를 검토한다. 이렇게 함으로써 일주일 동안 불필요한 언쟁을 피할 수 있다. 무슨 문제든 토요일이 되면 처리할 수 있다는 사실을 서로 매우 잘 알기 때문이다.

지름신 물리치는 돈 관리

스트레스를 줄이는 것이 매우 중요한 문제이지만, 스트레스의 원인이 돈 문제일 때는 특히 중요하고 어렵다. 그럼에도 우리가 저지르는 가장 큰 실수는 돈 관리에 무지하다는 것이다. "돈 문제를 중요하게 다루지 않으면 결국 큰 불안을 유발하지요. 이것을 직시하고 자신만의 플랜을 세워야 합니다." 재정 문제 전문 작가 에마 존슨의 말이다. 아이디어 몇 가지를 들어보자.

❶ 온라인 뱅킹
온라인 뱅킹은 모든 계좌를 실시간으로 추적할 수 있다는 편리함이 큰 매력이다. 각종 수수료를 절약할 수 있고, 공과금 납부도 체계적으로 할 수 있다. 그래서 납부 영수증을 받자마자 거래하는 은행 웹 사이트에 들어가 바로 해결한다. 그러면 연체료를 걱정하지 않는다.

에마 존슨은 가능하면 자동이체를 권한다. 액수가 고정적인 지출, 예컨대 월세나 관리비, 전기 사용료나 가스 요금, 수도 요금, 자동차 할부금 같은 것을 들 수 있겠다. 그러면 납부 마감일까지 마음에 담지 않아도 되므로 불안감을 덜 수 있다.

❷ 대출 관리

대출이 있으면 그와 관련된 지출을 따로 리스트로 만들어 계속 추적하며 관리하라. 대출 문제는 회피한다고 해서 절대 없어지지 않는다. 현실을 똑바로 인식해 대출금이 얼마이고, 이자는 얼마나 빠져나갔으며, 어느 정도 상환했는지 등을 꼼꼼하게 파악해야 한다.

❸ 영수증 보관

영수증을 보관해두면 지출과 세금 관리가 훨씬 수월하다. 영수증을 한곳에 모아두는 것이 좋다. 특히 세금 공제에 필요한 영수증(우리나라를 예로 들면 연말정산에 필요한 안경 구입비, 자녀 학원비 등의 영수증-편집자 주)은 미리 챙겨두어야 나중에 후회하지 않는다. 요즘은 앱이나 웹 사이트의 도움을 받아 관리하는 방법도 있다.

에마 존슨은 여전히 옛날 방식으로 영수증을 보관한다고 한다. 옛날식 누런 종이로 된 서류철에 지출과 관련된 모든 것을 담아둔다.

❹ 지출 관리

돈을 쓰는 내역을 모두 리스트로 만들어보자. 어디에 돈이 가장 많이 나가고, 어떤 내역인지 한눈에 파악할 수 있다. 전체 내역이 있으면 어느 부분에서 지출을 더 줄일 수 있는지도 판단하기 쉽다. 어쩌면 구독하는 잡지 가운데 더 이상 필요하지 않은 것이 있다는 사실을 깨달을 수도 있다.

한편 에마 존슨은 예산을 세울 때 '승인 리스트'를 만들어볼 것을 권한다. 나 역시 이 콘셉트를 매우 좋아한다. 이것은 구입하기 전에 지출해도 좋은지 다시 한 번 스스로 확인하는 과정의 리스트다. 우리에겐 늘 필요한 것, 갖고 싶은 것이 있다.

"언젠가 사용할 물건이나 입고 싶은 옷, 화장품을 세일해서 구입하면 마치 보물을 건지는 느낌이죠. 그러나 결국 사용하지 않았다면 이것은 전혀 보물이 아닌 거죠." 승인 리스트는 '지름신'에 홀려 충동구매의 늪에 빠져 사는 우리를 현실적으로 만들어준다.

케이트의 목숨을 구한 투두 리스트

블로그를 처음 시작하면서 의사들이 수술실에서 체크 리스트를 활용하는 내용을 올렸는데 친구 케이트가 훌륭한 답글을 주었다. 그녀의 직업은 선생님이고, 현재 세 아이의 엄마다. 그녀는 리스트 덕분에 생명을 구할 수 있었다고 했다.

그녀는 매일 아이들과 직장과 끝없이 밀려드는 집안일로 전쟁 같은 하루하루를 보냈다. 그런 그녀를 잠시 멈춰 세우고, 정기 건강검진을 받아야 한다는 사실을 상기시킨 것은 연례행사를 적어놓은 투두 리스트였다.

"현재 유방암 전 단계라고 해요. 예방 조치를 하면 암으로 진행되는 것을 늦출 수 있다고 합니다. 무심코 적어놓은 투두 리스트 덕분에 병원 예약을 떠올릴 수 있었고, 진료를 받아, 결국 생명까지 구하게 되었죠! 그런 일이 나에게 실제로 벌어졌습니다."

앞서 소개한 바 있는 멜러니 영을 기억할 것이다. 새해 첫날이 생일이어서 매년 12월 31일이면 다음 한 해 동안 이루고 싶은 일과 가고 싶은 곳을 리스트로 만든다는 여성이다.

그녀는 암을 이겨낸 생존자이자 투병 체험을 책으로 펴낸 저자이기도 했다. 멜러니는 친구가 준 공책 한 권을 가지고 이 힘들고 어려운 싸움에 임했다.

"친구가 노트를 주면서 리스트 만드는 데 사용하라고 했어요. 그리고 의사에게 물어볼 질문을 몇 가지 알려줬습니다. 그 질문에 제가 생각한 질문 몇 가지를 더해 처음 의사에게 갈 때 노트를 들고 갔죠. 그리고 유방 수술을 위해 여러 의사를 만날 때도 항상 이 노트를 지참하였습니다. 계속해서 더 많은 리스트가 만들어졌습니다." 멜러니의 체험담이다.

멜러니는 유방암 진단을 받은 다른 환자에게 용기를 주기 위해 그 많은 리스트를 책으로 엮었다. 유방암 관련 연구도 많이 하고 내용을 잘 정리했기 때문에 멜러니의 리스트는 암에 걸린 친구들에게 소중한 자료가 되고 있다.

어떤 의사를 만나든 리스트만 있으면 자신의 병 상태에 더 집중할 수 있고, 알고 싶은 정보를 꼼꼼히 다 얻을 수 있다. 보통 진료실을 나온 다음에 '이런, 이걸 물어봤어야 하는데……' 하고 자책하곤 한다.

리스트를 만들면 걱정스러운 부분이나 평소의 상태를 그때그때 적어 두었다가 진료를 받을 때 챙겨 갈 수 있다.

일반 건강검진이나 주요 건강 문제에서도 똑같이 응용할 수 있다.

"리스트 만들기가 내게 큰 도움이 되었다는 것을 알게 되었습니다. 나와 똑같이 감정적인 혼란과 변화를 겪는 친구들에게도 역시 유용하리라 확신합니다." 멜러니는 매우 자신에 차서 말하였다. 리스트는 어떤 상황에서든 보고 집중할 수 있는 등대 같은 역할을 해준다.

매년 초마다 한 해 동안 필요한 진찰 예약과 실행할 달을 함께 계획한 리스트를 만든다. 그리고 달력 일정에 등록하고 절대 잊어버리지 않도록 한다. 정기적인 사전 예방이 나와 당신의 생명을 구할 것이다.

건강을 관리하는 식단 리스트

앞에서 한 주의 식단을 미리 짜는 것의 좋은 점을 이야기했는데, 이것이 건강에도 도움이 된다는 점은 언급하지 않은 듯하다. 집에서 식사를 하면 칼로리 과잉 섭취를 억제하고, 먹는 양을 줄일 수 있으며, 돈도 절약된다. 사전 식단 리스트는 꽤 많은 장점이 있는 듯하다.

영양학자들은 건강한 식사를 위해 '음식 일기 쓰기'를 권장한다. 영양사 퍼트리샤 배넌은 《시간에 쫓길 때 제대로 먹어라 Eat Right When Time Is Tight》라는 저서에서 "연구에 따르면 무엇을 먹었고, 언제 먹었는지 적는 것만으로도 체중 감소 효과가 나타난다고 한다. 또 더 건강한 음식을 선택하도록 만든다"라고 하였다.

대학 시절 나의 룸메이트는 좋아하는 간식 리스트를 만들었다. 당시는 바보 같은 일이라 생각했지만 지금 돌이켜보니 그녀는 매우 현명했다. 시간을 내어 좋아하는 건강한 간식거리 목록을 만들어두는 것은 대단히 실용적인 아이디어다. 이것이 수중에 있으면 진짜 배가 고플 때 고민할 필요가 없다. 기름진 감자튀김이나 칼로리 높은 쿠키를 적당히 집어 먹는 대신 그녀는 건강한 간식거리 중 하나를 선택할 것이다.

건강 컨설턴트 하이디 한나는 사람들에게 영양과 에너지, 수행 능력의 관계를 상담하고 있다. 그녀 역시 고객들에게 간식 리스트를 만들 것을 권장한다.

"선택의 여지가 너무 많으면……, 그러니까 정보가 너무 많으면 뇌가 압도당해버려서 '분석 마비' 증상이 나타납니다. 그렇게 되면 아무것도 하지 못합니다." 하이디의 말이다.

정보 과부하 스트레스 덜기

'정보 과부하'라는 개념을 우리 생활의 여러 방면에 적용할 수 있다. 하이디 한나는 50분간 일하고 10분 쉴 것을 제안한다. 그렇다면 이 10분 동안 무엇을 할까? 평소 하고 싶은 일을 적은 리스트를 가지고 있으면 쉬는 시간이 주어졌을 때 머리를 짜내느라 필요 이상의 에너지를 낭비하지 않아도 된다. 예를 들면 이런 내용이다.

- ☑ 페이스북 점검
- ☑ 산책하기
- ☑ 유튜브에서 귀여운 동물 동영상 찾아보기
- ☑ 스트레칭

☑ 가족에게 전화하기

☑ 잡지 뒤적거리기

무엇을 할지 미리 생각해두면 스트레스를 줄일 수 있다.

<hr>

• 알고 있나요? •

결정할 것이 줄면 스트레스도 준다- 오바마의 양복 선택

버락 오바마 대통령은 연예 정보 잡지 〈배너티 페어〉 인터뷰를 위해 작가 마이클 루이스를 만나 사소한 비밀을 털어놓았다. 자신은 오로지 회색과 푸른색 양복만 입는다는 것이다. 2012년 10월호에 오바마 대통령은 다음과 같이 토로했다.

"결정해야 할 일을 최대한 줄이려고 노력하죠. 결정해야 할 문제가 너무나 산적해서, 먹는 것이나 입는 것까지 고민하고 싶지 않거든요."

오바마 대통령은 결정하는 일이 얼마나 정신적 에너지를 소모하는지 잘 아는 듯하다. 그는 의사 결정 에너지를 오로지 업무에만 쏟고 싶은 것이다. 이 방법은 대단히 효과적이다. 머리가 복잡할 때는 결정해야 할 목록을 줄여보도록!

6

☑ 리스트로
인간관계
관리하기

친구 모임을 의미 있게

사람들이 좋아하는 리스트 중 하나가 친목과 관련된 계획을 짜는 것이다. 파티, 이벤트, 여행, 심지어 전화 통화에 이르기까지 리스트가 있으면 실수로 놓치는 것 없이 알차게 채워진다.

친구와 관계를 유지하는 것은 몸과 마음을 모두 살찌운다. 미네소타 주에 있는 세계 최대 종합병원인 메이오 클리닉의 발표에 따르면 친구와의 우정은 행복을 증진시키고, 스트레스를 줄여주며, 어려운 시기를 맞았을 때 잘 대처할 수 있도록 도와준다고 한다.

친구와의 만남은 언제나 즐겁고 유쾌하다. 그런데 분위기에 들뜬 탓인지 돌아오는 길에 깜박 잊고 미처 하지 못한 말이 있다는 사실이 떠오르곤 한다. 몇 차례 이런 경험을 하고는 친구를 만날 때도 하고 싶은 말을 메모한 리스트를 챙긴다.

시간을 들여 노트에 따로 페이지를 만들기도 하고, 앱에 특정 친구 전용의 리스트를 만들어 쓰기도 한다. 거기에 말하고 싶은 내용을 뭐든 저장해둔다. 예를 들어 매우 흥미로운 책을 발견했는데 친구에게 추천하고 싶으면 당장 리스트에 적어둔다. 하찮은 것이든 중요한 것이든 상관없이 모두 리스트에 적는다. 나로서는 일단 적어두는 것이 중요한데, 그렇게 하지 않으면 자질구레한 것까지 모두 기억해야 한다는 부담이 생기기 때문이다.

한동안 나의 리스트 만들기에 동참한 친구들끼리 재미있는 모임을 가진 적이 있다. 우리는 모임이 있을 때마다 사전에 다음 모임에 공유하고 싶은 화제를 각자 한 사람씩 덧보태 꼬리에 꼬리를 물며 서로에게 메일을 보냈다. 항목에 웃기는 제목을 붙이기도 하고, 누군가의 아이템에 모두 깜짝 놀라기도 했다. 이런 과정은 그 자체로 재미를 주기도 하면서, 사람들을 함께하도록 묶는 기능적 수단이 되기도 한다. 내가 처음 리스트를 만들자고 제안했을 때 친구들은 바보 같은 짓이라고 생각한 것 같다. 하지만 결국 모두 나만큼이나 리스트 만들기의 가치를 인정하게 되었다.

친구나 가족과 모일 때 안건 목록을 준비하는 것의 좋은 점을 몇 가지 살펴보면 다음과 같다.

- 모임의 취지를 잊지 않게 해준다. 특히 와인이 있는 자리에서 더욱

그렇다(이런 분위기에서는 대화가 이리저리 오락가락하거나 요점 없이 흘러가기 쉽다).

- 모든 것을 기억할 수 있다(모임 전 불과 몇 분만 시간을 내어 리스트를 만들거나, 할 말이 생각날 때마다 계속 적어두는 리스트를 지니면 된다).
- 모임을 내실 있게 해준다(대화가 끊겼을 때 무슨 이야기를 해야 할지 고민하지 않아도 된다. 재미있는 화제는 모임의 분위기를 한층 고조시킨다).

껄끄러운 사람과 전화 통화용 리스트

디지털 시대로 접어들어 전화 통화의 기능은 차츰 줄어간다. 조사 결과 2012년 한 해에 8조 개의 문자메시지가 전송되었다고 한다. 단위가 무려 조다! 단어 몇 개만 찍어 보내면 되는 문자메시지가 전화 통화보다 훨씬 간편하므로 사람들은 통화하기를 점점 꺼리는 추세다. 그러나 전화 통화는 목소리를 직접 들을 수 있다는 대체 불가능한 매력이 있다.

한 친구가 자신의 엄마와 통화를 하면 할 말이 없어서 더 어색해진다는 푸념을 내게 털어놓았다. 아마 우리 모두 이런 경험을 해본 적이 있을 것이다. 내가 말할 차례가 됐는데 머릿속이 텅 비어 있는 것이다. 이럴 때 리스트가 준비되어 있다면 대단히 유용하다. 친구에게도 엄마에게 할 말이 생각날 때마다 적어두라고 조언했다. 친구는 리스트를 만들기 시작했고, 다음번 통화에서는 처음으로 흡족하게 대화를 마칠 수 있었다. 모처럼 엄마와 진짜로 통한 것 같아 기분이 좋았고, 어머니 역시 대단히 좋은 시간이었다고 말씀하셨단다. 비결은 다름 아닌 '리스트'다. 커닝 페이퍼를 만드는 것이 꼭 부끄러운 일은 아닌 듯하다. 껄끄러운 통화를 앞두었다면 당신도 꼭 시도해보기 바란다.

완벽한 여행을 계획하다

파리는 내가 가장 좋아하는 도시 중 하나다. 그래서 남편과 파리에 사는 친구를 방문할 기회가 생기자 기뻐서 펄쩍 뛰었다. 뉴욕에 살던 니콜(니콜은 앞에서 소개한 짐 싸기의 달인이다)과 피터는 파리가 너무 좋아서 3개월 동안 그 빛의 도시에 가서 살기로 했다. 남편과 나는 단 3일 동안 그들을 방문하기로 했다. 남편은 파리 여행이 처음이었다. 우리는 유명한 관광지뿐 아니라 인적이 드문 매력적인 곳까지 두루 가보고 싶었다.

니콜 역시 나만큼 계획 짜는 것을 좋아하는 사람이기에 즉시 여행 계획 짜기에 착수했다. 수없이 많은 메일을 주고받은 끝에 마침내 이번 여행의 '투두 리스트'를 완성할 수 있었고, 이 모든 것을 에버노트

(108페이지 참조)에 저장했다.

- ☑ 퐁뒤 먹어보기
- ☑ 기가 막힌 와인 마시기
- ☑ 루브르 박물관 관람 – 하이라이트 작품만 보기
- ☑ 뤽상부르 공원 피크닉
- ☑ 크루아상 먹어보기
- ☑ 세그웨이 타고 파리 관광
- ☑ 센 강 유람선 타기
- ☑ 크레이프 먹기
- ☑ 프랑스 혁명 기념일 불꽃놀이 구경
- ☑ 유명 디저트 카페 라 뒤레에서 마카롱 먹기
- ☑ 야외 쇼팽 콘서트 감상

다음으로는 이것을 매일의 일정으로 짜는 작업을 했다. 뤽상부르 공원 피크닉과 라 뒤레 마카롱 시식은 같은 날로 잡으면 동선이 뒤죽박죽 꼬인다. 두 곳의 거리가 멀기 때문이다. 여행 계획을 짤 때는 이런 제반 사정을 잘 반영해야 한다. 마침내 파리 여행 첫날 일정이 결정되었다.

우리의 일정을 보고 이렇게 말하는 사람도 분명 있을 것이다.

"좀 줄여요. 놀러 가는 거잖아요! 왜 이렇게 일정이 빡빡해요?"

오전 8 : 30 파리 도착(때로 화창)

오전 9 : 30 - 오후 1 : 30 호텔에 짐 풀고 한숨 자기

오후 1 : 30 마카롱을 즐기러 라 뒤레로 이동;
샹젤리제 거리 75번가까지 도보 이동

오후 2 : 00 - 4 : 00 호텔 인근에서 호화로운 점심;
피에르 샤롱 64번가에 위치한 카페 빅토
리아까지 도보 이동

오후 4 : 30 - 5 : 30 샹젤리제에서 지하철 1호선 타고 센 강
유람선 바토뷔스 타는 곳까지 이동. 바토뷔
스로 시청에서 에펠탑까지 이동. 에펠탑
인근 산책

오후 6 : 15 - 9 : 30 세그웨이 투어. 에펠탑 근처에서 빌려서
에드가 포르 24번가에서 반납

오후 10 : 00 에펠탑 야경을 보기 위해 이동 / 트로카데
로 광장

오후 10 : 30 트로카데로 광장 인근에 있는 카페 르 말
라코프에서 늦은 저녁

지하철이나 택시로 호텔까지 이동. 잠자리 들기!

무슨 뜻인지 다 이해한다. 그러나 촘촘하게 세운 계획은 시간과 돈을 절약하게 해준다. 미리 계획하고 연구하면 훨씬 좋은 여행을 할 수 있다는 사실을 너무 잘 안다. 물론 일정을 약간 바꿔야 할 때는 융통성 있게 대처한다. 어쨌든 우리는 짧은 일정 동안 위시 리스트에 올린 모든 것을 할 수 있었다. 레스토랑 메뉴와 가격, 박물관 개관 시간 등 세세한 정보를 완벽하게 조사해두었다. 복잡한 문제를 미리 처리해놓은 덕에 한결 편한 여행이 되었다.

내 생애 최고의 파티

직접 웨딩 플래너가 되어 나의 결혼식을 즐겁게 준비했다. 남편 제이와 나는 푸에르토리코에서 일명 '여행 결혼식'이라는 것을 하였는데 뉴욕에서 대단히 먼 거리라 사전 조사가 엄청난 일이었다. 다행히 리스트가 큰 도움이 되었고 전적으로 의지했다.

- ☑ 하객 리스트
- ☑ 업체 및 식장 조사 리스트
- ☑ 결혼식 답례품으로 미리 현지에 보내놓을 물건
- ☑ 짐 싸기 리스트
- ☑ 결혼식이 있는 주말 동안 참석한 하객을 위한 안내서

열대 휴양지나 재미있는 여행지에서 올리는 결혼식을 좋아하는 사람도 있지만 달가워하지 않는 부류도 있으니 대비해야 한다. 일단 이를 극복했다면 이제 하객 리스트를 정하고 갖가지 준비에 나서야 한다. 생애 최고의 이벤트 계획을 세울 때 가장 중요한 열쇠는 내내 조직적이고 체계적으로 임해야 한다는 것이다. 그렇지 않으면 엄청난 스트레스를 받을 뿐 아니라 재미있는 순간을 모두 놓쳐버린다.

❶ 장소 선정

여행 결혼식이든 일반 결혼식이든 장소를 선정하는 일은 신경 써야 할 일이 무척 많다. 일단 하객이 비교적 쉽게 접근할 수 있는 곳이어야 한다. 하객은 결혼식에 참석하기 위해 시간과 돈을 많이 써야 하므로 당연히 그들을 배려해야 한다. 결혼식이 있는 주말에 하객이 즐길 수 있는 프로그램이나 이벤트로 무엇이 좋을지 조사한다. 전적으로 완벽한 플랜을 짜둘 필요는 없지만 하객이 선택할 수 있도록 옵션을 몇 가지 안내하는 준비는 필요하다.

❷ 업체 선정

특히 결혼식 장소와 멀리 떨어진 곳에서 계획을 짠다면 이 부분은 상당히 어려운 일 중 하나가 될 것이다. 내가 해줄 수 있는 최고의 충고는 어떤 부분은 운에 맡기라는 것이다. 물론 그렇다고 해야 할 일을 하지 않아도 된다는 의미는 아니다. 현지 웨딩 플래너를 쓰기로 했다면(우리는 그렇게 했다), 이 비용이 총 결혼 비용 중 가장 요긴하게 지출된 항목이 될 것이다. 웨딩 플래너는 그곳에 살면서 현지 업체와 함께 일한다. 웨딩 플래너를 믿는다면 그 사람이 추천하는 것이 절대적이다. 아니면 그곳에서 결혼식을 올린 커플들을 찾아내 업체 리스트를 추천받는 것도 한 방법이다.

❸ 업체와 면담

전화로 하든 직접 만남을 갖든 업체와의 미팅은 반드시 준비하고 임해야 한다. 질문 리스트를 준비하고, 해당 업체의 고객이었던 신부들의 경험을 알아본다. 경험자들의 충고가 최고의 이벤트를 계획하는 데 가장 도움이 된다.

❹ 흥분하지 말기

섬에서 결혼한다면 그곳의 느긋한 분위기를 각오해야 한다. 현지 업체의 시간이 나의 시간과 같다고 생각하면 큰 오산이다. A형의 뉴요커인 나로서는 이 점을 받아들이기가 무척 힘들었다. 가끔 공황 상태에 빠지기도 했다. "15분 전에 메일을 보냈는데 아직도 답을 못 받았다고요!" 섬에서 보내는 시간은 그 시간표대로 움직인다. 그것과 절충하는 법을 익히면 한층 더 행복해질 것이다.

❺ 여행 가방 리스트 만들기

철저한 짐 싸기 리스트를 준비하면 이후 머리 아플 일이 없다. 기억해야 할 일이 아주 많으므로 미리미리 필요한 것을 적어두는 것이 좋다. 책 말미의 리스트 인덱스를 참고하기 바란다.

어떤 이벤트를 계획한다면 디너파티든, 자선 행사든, 생일 파티든, 독서 모임이든 간에 계획 리스트가 있다면 한층 성공적인 결과를 만들 수 있다. 신경 써야 할 것이 너무 많아서 자신이 주인공인 파티를 제대로 즐기지 못하는 모습을 자주 본다. 이들에게 세심한 계획과 신중하게 완성한 리스트가 있다면 대부분 물 흐르듯 일이 진행될 것이며 손님들과 함께하는 파티를 맘껏 즐길 수 있을 것이다.

멋진 선물은 호감도를 높여준다

시어머니와 나는 둘 다 선물하기를 좋아하며, 선물을 고르기 위해 쇼핑하는 것은 더더욱 좋아하는 공통점이 있다. 특히 시어머니는 정말 선물을 잘하는데 항상 독특하고 상대방에게 딱 적합한 선물을 찾아낸다. 누군가에게 어울리는 선물을 주는 것도 대단한 감각이라 할 만하다. 받는 사람으로 하여금 귀한 대접을 받았다는 느낌이 들게 할 뿐 아니라, 선물한 사람에게 특별한 마음을 갖게 만든다. 완벽한 선물을 찾고자 한다면 미리 생각해두는 것이 중요하다.

❶ 미리 시작하기

선물 사는 것을 미룰 수 있을 때까지 최대한 미뤄본 경험이 있을 것이다. 혹은 예상외로 예산이 초과된다든지, 정작 받는 사람에게 잘 어울릴 것 같지 않은 선물을 어쩔 수 없이 타협해서 사는 일도 있다.

만약 선물을 서둘러 준비했다면 이런 일은 벌어지지 않을 것이다. 친구의 생일이나 특별한 날은 최소 2개월 전부터 생각해두는 것이 좋다.

나는 특히 크리스마스 선물 쇼핑만큼은 한층 일찍 돌입해서 매년 8월부터 시작한다. 그래야 나의 리스트에 있는 사람들 개개인에 맞춰 각자가 좋아할 만한 선물을 천천히 생각해볼 수 있다. 게다가 세일 기간에 나누어 구입할 수 있으니 돈도 절약된다.

❷ 브레인스토밍하기

나는 한 달에 한 번은 달력을 보면서 몇 개월 내 누군가의 생일이나 기념일이 있는지 확인한다. 그리고 가까운 날짜순으로 리스트를 만든다. 그다음엔 한 사람 한 사람을 위한 브레인스토밍을 시작한다. 그 사람이 좋아하거나 평소 얘기한 것, 그 사람에게 필요한 것을 떠올린다. 그 사람을 정말 웃음 짓게 할 만한 선물은 무엇일까? 리스트는 생각날 때마다 고치거나 덧보탤 수 있게 진행형으로 만든다. 여러 아이디어는 이후 크리스마스나 각종 기념일에도 활용할 수 있다. 이런 식으로 미리 생각해놓으면 기념일이 코앞에 닥쳐와도 스트레스가 없다.

❸ 조사하기

브레인스토밍을 거쳐 리스트를 만들고 나면 조사를 시작한다. 가끔씩 여기저기 가게를 둘러보거나 웹 사이트를 방문하면서 친구나 친척들이 좋아할 만한 아이템을 적어놓는다. 잡지나 신문을 보다가도 재미있는 것이 눈에 띄면 이것 역시 적어둔다. 여행 중에도 선물 리스트를 지니고 다니며 계속 추가한다.

❹ 선물 일지 기록하기

같은 선물을 두 번 주는 일을 방지하기 위해 내가 사람들에게 준 선물을 노트(혹은 에버노트)에 적어놓는다. 취향이 확고하지 않은 이상 사람들 대부분은 똑같거나 비슷한 종류의 선물을 달가워하지 않는다. 선물 일지를 만들어두면 상대에게 필요한 선물을 구입할 수 있고, 지루하게 비슷한 내용물을 반복하는 실수도 피할 수 있다.

❺ 예산 내에서 선물하기

마음에 드는 선물을 발견하거나 시간에 쫓길 때는 예산을 초과하기 쉽다. 하지만 많은 돈을 썼다고 해서 더 좋은 선물이 되는 것은 아니다. 선물은 정해진 예산을 고수한다. 그래야 모든 결말이 좋다. 만약 백화점에서 엄마가 좋아하실 만한 스웨터를 찾아냈다면 일단 상품명을 적어놓고 온라인에서 더 싸게 구입할 수 있는지 확인한 다음에 구입해도 늦지 않다. 시간에 여유가 있다면 — 당신은 일찍 시작했으므로 — 천천히 비교하면서 돈을 절약할 수 있다.

어색한 상황 노련하게 모면하기

안절부절, 무슨 말을 해야 할지 식은땀이 나는 상황을 누구나 맞닥뜨리게 된다. 이런 불편한 상황이 닥치면 불안하고, 스트레스 받고, 어쩔 줄 모른다. 하지만 인생의 많은 일이 그러하듯 일단은 '몸에 완전히 익을 때까지 그런 척하기'가 답이다.

미리 무난한 화제나 질문을 리스트로 만들어 준비해두도록 하자.

❶ 디너파티

어떤 사람들에게 디너파티는 곤혹스러울 수 있다. 쓸데없는 대화, 알지도 못하는 사람들, 어색한 침묵 등은 우리를 불편하게 만든다. 그러니 디너파티나 칵테일파티에 갈 때 몇 가지 화제를 준비해 가면 훨

썬 즐거운 시간을 보낼 수 있다.

- 예/아니요 식으로 대답하는 질문은 피하고, 다양한 답변이 나올 수 있는 질문을 하라.
- 일단 칭찬하라. 당신이 칭찬한 귀걸이를 어디서 구입했는지, 이후로도 대화의 불꽃이 계속 번져간다. 공을 돌리며 노는 것처럼 관심사를 이어나간다.
- 최근 사람들의 관심사를 화제에 올린다. 다만 상대를 잘 알게 될 때까지 정치와 종교를 주제로 하는 것은 피하는 게 좋다. 그 밖의 화제라면 농담 섞인 대화도 가능하다.
- 음식과 관련한 이야기를 나눠라. 좋아하는 맛집은 어디인지, 근처에서 가본 맛집은 어디인지 물어보라. 보통 사람들은 이런 화제에 열광한다.

❷ 임신 축하 파티

임신 축하 파티도 어색한 분위기가 될 수 있다. 여러 손님이 모이지만 서로 공유할 화제가 궁해 껄끄러운 상황이 연출되기도 한다. 어색한 분위기를 떨치고 친숙해지게 만드는 첫 화제는 어떤 것이 있을까?

- '엄마가 된다는 걸 어떻게 아셨어요?'라는 질문.
- 태교를 위해 어떤 책을 볼지 묻는다.

- 여행 계획을 말하라. 대화가 계속 이어질 것이다.
- 결혼이 주제이거나 아기가 나오는 영화 이야기를 한다.

❸ 장례식

누군가 돌아가셨을 때 자기 의지대로 감정을 조절하기가 매우 힘들다. 특별히 가깝지 않은 관계였다면 딱히 뭐라고 해야 할지 어려울 때가 많다.

- 돌아가신 분을 기억하며 따뜻한 미담을 나눈다.
- 그냥 이렇게 말한다. "얼마나 힘드십니까? 저도 마음으로 늘 함께합니다."
- 돌아가신 분의 업적을 이야기한다. 가정에서, 직장에서, 사회에서 그분이 기여하신 바를 되새긴다.

❹ 평소 기억하면 좋은 질문

- "오늘 제일 좋았던 일은 뭐예요?"
- "최근에 무슨 영화를 보셨어요?"
- "어떤 종류의 책을 주로 보세요?"
- "어디서든 살 수 있다면 어디에 살고 싶으세요?"
- "연주하는 악기가 있으세요? 아니면 외국어 하는 거 있으세요?"
- "어릴 때 어떤 아이였나요?"

시간 관리

TV 뉴스는 타이밍이 생명이다. 프로듀서나 앵커, 리포터, 영상 담당자, 편집자까지 모두 칼같이 마감 시간을 지킨다. 간혹 여러 기사가 순식간에 쏟아져 나오는 경우가 있는데 이럴 때는 시간 관리가 성공의 열쇠다. 10년 이상 TV 보도국에서 일해온 덕분에 나는 시간 관리를 모든 일상에 효율적으로 적용할 수 있게 되었다.

마감 개념을 우리 일상생활에 도입하면 자칫 늘어지기 쉬운 개인적인 시간도 알차게 관리할 수 있다. 이때 알아두면 좋은 방송의 관리 기술 중에 '백타이밍Backtiming'이라는 것이 있다. 모든 뉴스 꼭지가 전체 방송 시간에 딱 들어맞게 맞춰져서 정해진 시간에 방송이 종료되도록 하기 위한 기법이다.

실제 뉴스 제작은 이런 식이다. 내용의 중요도에 따라 보도국장이 각 꼭지에 방송 예상 시간을 각기 할당한다. 추정된 모든 시간이 방송 시간에 정확히 딱 맞아떨어져야 한다. 뉴스 기사, 스포츠, 일기예보, 연예 오락까지 모든 것이 주어진 시간 틀 안에 맞추어 들어가야 한다는 뜻이다.

그뿐 아니라 뉴스 프로 하나에도 짜 맞춰야 할 것이 수없이 많다. 리포트 화면, 스튜디오 게스트, 여러 자료 화면, 수많은 기사 보도, 앵커, 인상적인 멘트 등……. 이 모든 것이 하나로 합쳐져 방송으로 완성된다는 것은 매일 밤 치러야 하는 엄청난 도전이다. 그럼에도 우리는 매일 저녁 잘 만들어진 뉴스를 무사히 시청하고 있다.

백타이밍의 장점

백타이밍은 뒤에서부터 시간을 거꾸로 계산하는 방식이다. 무슨 말인가 하면 방송이 1시간짜리라 할 때 뉴스의 끝부터 시작해서 시작 지점으로 거꾸로 거슬러 올라가 역산하면서 시간을 맞추는 것이다.

경기 상황에 따라 언제 끝날지 확정할 수 없는 야구 중계와 같은 스펙터클한 케이스를 예외로 하고, 방송 프로그램은 대개 할당된 시간이 있으며 종료 시간 역시 분명하다.

모든 내용은 '시간'이라는 절대 명제 위에서 성립된다. 방송은 시간과의 사투라고도 할 수 있다.

생방송 뉴스 역시 모든 시간 표시가 딱딱 맞아야 한다. 이것에 실패하면 조정에 들어가야 한다. 스포츠 뉴스 시간을 좀 가져다 쓰든가, 아니면 깜찍한 토끼 관련 소식 하나는 빼든가 해야 한다. 어쨌든 뉴스 시간은 한정되어 있고 이를 맞추려면 융통성이 필요하다.

　다행히 지금은 프로듀서를 위해 백타임을 계산해주는 컴퓨터 프로그램이 있다. 하지만 내가 처음 일을 시작할 때는 아직 그런 기술이 존재하지 않았다. 그래서 항상 손으로 남은 시간을 계산했다. 수학을 싫어하지만 어쨌든 손은 대단히 효율적인 도구다.

생활에 백타이밍 적용하기

이 방법을 우리의 일상생활에 연관시킬 수 있을까? 사실 어떤 일이나 이벤트에도 백타임을 적용해볼 수 있다. 실제로 나의 결혼식에 그렇게 했고, 일상의 용무를 처리하거나 여행 계획을 짤 때도 역시 백타이밍을 적용한다. 방법은 이러하다.

① 일을 하는 데 낼 수 있는 시간, 행사가 종료될 때까지의 총 시간을 계산한다.

② 일이나 행사의 끝에서부터 역으로 상황을 쭉 따라가본다.

③ 각 단계마다 걸리는 시간이 어느 정도인지 추정한다.

④ 주어진 시간 안에 완료하지 못할 것 같으면 각 단계의 시간을 다시 조정한다.

⑤ 시간이 모두 맞았으면 절대 변경하지 말고 이대로 실행한다.

이 방법은 어린아이를 데리고 외출할 때도 꽤 유용하다(아이들 짐은 왜 그렇게 많은지……). 정해놓은 시간에 집을 나서기 위해서는 미리 해야 할 일을 생각하고, 그런 다음 각각의 일을 하는 데 걸리는 시간을 거꾸로 따져 계산한다. 이렇게 하면 틀림없이 제시간에 현관문을 나설 수 있다. 백타이밍은 어떤 일에든 적용할 수 있다. 효율적으로 움직일 수 있게 만들므로 시간을 절약하고 스트레스를 줄여준다.

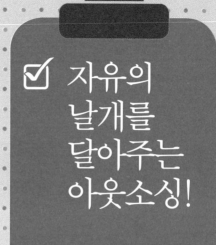

☑ 자유의
날개를
달아주는
아웃소싱!

7

톰 소여, 아웃소싱의 최강자

월요일 아침 출근해서 직장 동료들에게 주말에 잘 보냈느냐고 물으면 대개 한결같은 대답이 돌아온다. "너무 짧아!"

시간, 모든 사람이 이것 때문에 불평하고, 더 많이 갖고 싶어 한다! 그러나 많은 사람이 현명하게 사용하지 못하는 원인도 크다.

아무리 생산적인 사람이라도 하루에 모든 일을 끝마치기는 힘들다. 이 문제를 풀 수 있는 한 가지 비결은 일을 나누는 것이다. 과제를 나누면 더욱 잘할 수 있는 일에 집중할 수 있으므로 훨씬 능률적이다.

톰 소여를 말썽꾸러기로 기억하겠지만 사실 톰은 아웃소싱 전문가다. 《톰 소여의 모험》에서 톰은 자기에게 맡겨진 허드렛일을 하지 않기 위해 놀라운 기지를 발휘했다.

이야기가 생각나지 않는 분을 위해 대강의 줄거리를 요약하면 이러하다. 톰은 계속해서 말썽을 부리고, 폴리 아주머니는 그런 톰이 못마땅하다. 그래서 톰은 토요일에 하얀 페인트를 울타리에 칠하는 벌을 받게 되었다. 이 일을 일찍 끝내고 싶었던 톰은 친구들을 대신 시키는 잔꾀를 부린다. 울타리를 하얗게 칠하는 일이 아주 재미있을 뿐 아니라, 아무한테나 맡길 수 없다고 허풍을 친 것이다. 톰의 교묘한 말솜씨에 낚인 친구들은 사과, 연, 분필 조각, 올챙이, 대리석 조각, 눈이 하나뿐인 새끼 고양이까지 오만 잡동사니를 가져와 울타리에 페인트칠 해볼 기회를 겨우 얻는다. 그렇게 하여 울타리를 전부 세 번 칠하고 났을 때 톰은 땀 한 방울 흘리지 않고 상당한 전리품까지 획득할 수 있었다.

톰은 페인트칠을 해야 했지만 내키지 않았다.

그런데 왠지 이런 상황이 익숙하지 않은가? 약국에 들렀다 오라는 심부름이나 과제, 블로그 업데이트 등의 일을 처리하기 위해 우리는 종종 없는 시간을 쪼개며 동분서주하거나 마음을 다잡아야 한다. 그런 우리에게 톰은 중요한 교훈을 가르쳐준다. ― 아웃소싱이 당신을 자유롭게 할 것이다!

아웃소싱이란?

아웃소싱은 시간적 여유를 얻거나, 좀 더 잘할 수 있는 분야에 집중하기 위해 다른 사람 혹은 업체에 일을 맡기는 것이다(톰은 놀면서 온갖 물건을 얻는 소득을 올렸다). 아웃소싱을 통해 압박감도 어느 정도 덜어낼 수 있다.

하이디 한나는 이렇게 표현한다. "바쁜 사람, 스트레스가 많은 사람, 중요한 사람들을 위해 일을 나눠 하는 일종의 문화적 성격이 반영된 것이라고 할 수 있다."

나는 원래 직장에서나 집에서나 모든 것을 직접 해야 하는 스타일이었는데 그것이 최선이 아니라는 사실을 깨닫고 나서 바로 생각을 바꾸었다. 이제는 누가 이 일을 더 잘해낼 것인가 하는 차원에서 생각한다. 이로써 나의 업무에, 책 쓰는 일에, 블로그 관리에, 남편과 함께 하는 저녁 시간에 더 집중할 수 있게 되었다. 이런 일이야말로 나만이 할 수 있고, 그렇기에 더 많은 시간을 할애하고 싶다. 나도 웹 사이트를 재코딩하거나, 장 보러 가는 일을 할 수 있지만, 내가 시간을 가장 잘 쓰는 방법은 아닌 듯하다.

내가 만난 사람 가운데 아웃소싱을 가장 효과적이고 성공적으로 실천하는 사람은 기업가 아리 마이젤이다. 그는 크론병 진단을 받은 뒤 의사의 도움을 받아 약을 끊고 더 건강하게 사는 방법을 찾았다. 여행 이야기를 인터뷰하기 위해 그를 업무차 만난 적이 있다.

그는 스트레스 레벨을 낮추기 위해 '적게 행동하는 기술'을 완벽하게 체득했다. 그는 LessDoing.com을 만들었고,《더 적게 일하고, 더 많이 누리기》라는 책도 썼다. 다양한 활동을 통해 사람들에게 "인생의 모든 일을 단순화하고, 자동화하고, 아웃소싱하면 한층 효과적"이라는 사실을 알리기 위해 노력하고 있다.

아리는 나보다 그 일을 더 잘하는 사람이 있는데 굳이 내가 맡는 것은 시간 낭비일 뿐이며, 자신은 잘하는 일, 하고 싶은 일에 집중하는 것이 낫다는 신념을 실천하고 있다.

"내게는 없지만 다른 사람은 지닌 기술, 제대로 배운 적이 없어서 도저히 전문가처럼 해낼 수 없는 일은 아웃소싱하는 것이 최선이다." 아리 마이젤의 말이다.

다들 한 번쯤 여행사를 이용해본 적이 있을 것이다. 이것도 아웃소싱과 같은 개념이다. 인터넷을 샅샅이 뒤져서 싸고 좋은 상품을 직접 찾아낼 수 있지만, 이 일을 더 잘 알고 익숙한 전문가에게 맡길 수도 있다. 이제 당신은 남은 시간에 새로운 고객을 찾는 데 주력할 수 있다. 어쩌면 그 고객 덕분에 휴가 동안 해보고 싶었던 어드벤처 옵션 프로그램을 몇 개 더 추가할 수 있을지도 모른다.

아웃소싱의 장점

거듭 말하지만 우리 각자는 이 세상에 유일한 단 하나라는 사실을 잊지 말아야 한다. 때로는 휴식이 필요하다! 혼자서 모든 것을 다 하는 것은 불가능하며 그래서 타인의 도움을 받아야 하는 것이다. 스스로에게 이런 충고를 하면서 인턴에게 도움을 요청할 항목을 새로이 리스트에 포함시켰다. 그 결과, 오! 생활이 이렇게나 여유로워질 수 있다니……. 자신이 모든 것을 컨트롤하겠다는 마음을 조금만 내려놓아도 놀라운 세상을 만날 수 있다. 다른 손을 빌림으로써 얻을 수 있는 장점을 살펴본다.

❶ 아이디어를 모을 수 있다

아무리 아이디어가 샘솟는 사람이라 해도 늘 번뜩일 수는 없다. 아직 덜 숙성된 나의 생각을 교정해주고 여기에 덧붙여서 살찌워주는 사람이 있다면 한결 도움이 될 것이다. 덕분에 자칫 사장될 뻔한 나 혼자만의 '공상'이 '기막힌 아이디어'가 되어 세상의 빛을 보게 된다면 얼마나 훌륭한 일인가. 바쁜 일상이나 착각 등으로 놓칠 뻔한 아이디어를 계속 붙잡아주고 관리하는 누군가의 도움을 받을 수 있다.

❷ 더 많은 시간을 활용할 수 있다

좋은 아이디어가 있다 해도 실행할 시간이 없다면 무용지물일 터. 무언가 새로운 것을 집기 위에서는 비어 있는 손이 있어야 한다. 그러므로 나를 대신해 조사해주거나 필요한 연락을 취해줄 사람이 있다면 나는 더 의미 있는 일에 집중할 수 있다. 접시에 음식이 너무 많다면 여러 사람에게 포크를 나눠 주도록 하라!

❸ 더 많은 돈을 벌 수 있다

과도한 업무를 덜어주는 사람과 아이디어를 보강해주는 조력자가 있다면 아무래도 성공에 한 발자국 더 다가갈 수 있다. 덕분에 당신은 더 많은 참신한 아이디어를 발굴하는 데 몰두할 것이다.

❹ 스트레스를 덜 받는다

투두 리스트에 너무 많은 과제가 있으면 지금 하는 일에 집중하기 힘들고, 업무의 질도 떨어진다. 과도하다 싶을 때는 해야 할 일의 일부를 남에게 넘기는 것이 현명하다. 스트레스는 줄고, 생산성은 더 높아질 것이다.

《나는 스트레스 중독자입니다》에서 하이디 한나는 "멀티태스킹은 사실 수행 능력을 떨어뜨리고, 시간 낭비이며, 에너지를 잡아먹는 부정적인 일이다. 그럼에도 사람들은 적은 시간에 더 많은 것을 할 수 있을 것이라는 착각에 빠져 이런 실수를 계속 범한다"고 말하였다.

디지털 라이프 전문가 칼리 노블로치는 Digitwirl.com(현재 carleyk.com으로 바뀌었음)을 만든 인물이다. 라이프 코치이자 두 아이의 엄마로서 그녀의 일상은 거의 기절 직전까지 갔다고 한다. 그리하여 자신의 어깨를 짓누르는 일상의 잡무를 분산해 덜어내기로 했다. "한두 가지 잡일을 하지 않고 대신 아이들과 좀 더 오래 같이 있거나, 코스트코에 다녀온 뒤 기운이 쭉 빠지는 느낌을 받지 않을 수 있다면 돈을 지불하는 것이 아깝지 않다고 생각해요."

아주 사소하지만 끊임없이 밀려오는 잡무는 결국 당신의 심신을 모두 그로기 상태로 만들어버릴 수 있다. 미리 적절히 관리하는 것도 현명한 사람의 역량이다.

❺ 동지애를 느낄 수 있다

나의 관심과 목표에 동참해주는 누군가에게 의지할 수 있다는 것은 대단히 행복한 일이다. 일을 나누어 할 수 있는 사람이 있으면 한층 안정적인 생활을 할 수 있다. 인턴이나 어시스턴트가 업무나 스케줄을 완수하는 데 도움이 된다는 확신이 서면 에너지를 다른 곳에 쓸 수 있다. 신뢰 관계가 맺어지면 아이디어를 공유할 수 있고, 정신없이 바쁜 날에도 그들 덕분에 점심시간을 확보할 수 있다.

여전히 누군가와 일을 나누는 것이 망설여진다면 자신에게 다음과 같은 질문을 해보자.

- 누군가에게 세세한 일을 맡기고 나서 어떤 계획을 실행할 것인가?
- 계속 미루기만 한 일을 실행하는 것이 어떤 의미가 있는가?

무엇을 아웃소싱할 것인가?

인생에는 아웃소싱할 수 있는 일이 놀랄 만큼 많다. 얼마든지 가능성이 열려 있다. 실제로 다양한 일을 아웃소싱하는데, 장보기를 비롯해 집 안 청소, 리서치 업무, 블로그 포스트 포맷, SNS 관리 등에 이르기까지 폭넓다. 아리 마이젤도 일을 대부분 아웃소싱한다고 한다. 이런 것들이다.

- ☑ 팟캐스트
- ☑ 편집
- ☑ 구술 기록
- ☑ 블로그 글쓰기

- ☑   SNS 관리
- ☑   조사 연구
- ☑   물품 주문
- ☑   약속 및 스케줄 잡기
- ☑   여행 계획
- ☑   프랑스 시민권 획득 관련 업무(!)

"많은 사람이 이렇게 말하죠. '1분밖에 안 걸릴 텐데. 그냥 내가 하지.' 하지만 실제로 1분밖에 안 걸리는 일은 없습니다. 내 손으로 다 할 수 있는 것이지만 하나하나 쌓이다 보면 그게 특별한 일거리가 됩니다." 마이젤의 말이다.

아웃소싱할 만한 아이디어 몇 가지

- ☑ 애견 산책 및 강아지 목욕
- ☑ 생일 파티 데커레이션
- ☑ 집 안 청소
- ☑ 가구 조립
- ☑ 가구 재배치
- ☑ 집 안의 버려야 할 물건 정리하기
- ☑ 누군가에게 줄 선물 쇼핑
- ☑ 가성비 최고의 이탈리아 여행 방법과 루트 짜기

어떻게 맡길 것인가

이론상으로는 누군가에게 내 일을 덜어줄 수 있다면 엄청나게 자유로워진다. 그러나 현실적으로 톰 소여처럼 그렇게 손쉽게 남이 일을 맡아주지는 않는다. 아웃소싱에도 분명히 기술과 수완이 요구된다. 팁을 몇 가지 참고하자.

❶ 체계화하기

맡겨도 되는 일의 리스트를 만들어라. 일손이 필요한 과제와 작업을 구체화해 최대한 상세하고 자세하게 작성한다.

❷ 현실 직시하기

나를 누구보다 잘 아는 사람은 본인 자신이다. 그러므로 진짜 5분밖에 걸리지 않을 일과 아웃소싱할 일이 무엇인지 정직하게 판단한다.

❸ 겸손하기

슈퍼맨이 되려고 하지 말고, 모든 것을 다 하려고 하지 마라. 그런 생각은 이제 한물갔다. 내가 잘하는 일이 무엇인지 알고 그 일에 매진하는 것이 더 현명한 방법이다.

❹ 분명하게 하기

아리 마이젤은 아웃소싱할 때 필요한 모든 과정을 체크 리스트로 만들어놓았다. 일의 종류별로 체크 리스트 총 53개를 보유한다고 한다. 일을 시키기 전에 많은 사항을 챙겨둘수록 고용인에게 확실하게 일을 이해시킬 수 있고, 그래야 매끈한 인수인계가 가능하다.

❺ 감사하기

이제 정말로 하고 싶은 일을 하는 시간을 꾸릴 수 있으니, 한번 활짝 웃어주기! 내가 할 수 있는 일이지만 굳이 그럴 필요가 없는 일을 아웃소싱한 것이다. 이제는 가족과 더 많은 시간을 보내거나, 휴가를 떠나거나, 잡지를 읽거나, 낮잠을 잘 수 있다. 이제 감사한 마음으로 실컷 즐겨라!

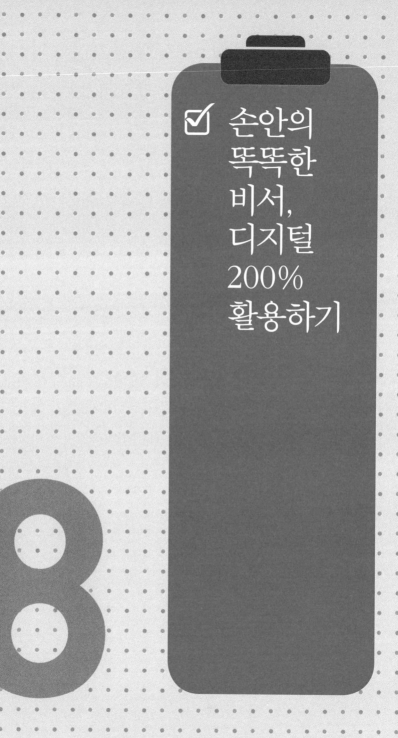

✓ 손안의
똑똑한
비서,
디지털
200%
활용하기

8

디지털화의 장점과 단점

우선 고백할 것이 있다. 나는 디지털 세계에 늦게 눈뜬 편이고, 앱은 쓸데없는 것이라 생각했다. 아주 오랫동안 작은 폴더 폰을 썼고 어떤 용도든 앱이란 것은 도통 필요할 것 같지 않았다. 'hello'라고 쓸 때, 충직하지만 '스마트하지 않은' 폰으로는 5개 철자만 누르면 됐건만 스마트폰으로는 13번쯤 화면을 두드려야 하니, 도대체 사람들이 왜 이것에 열광하는지 이해할 수가 없었다. 솔직히 전화는 걸고 받는 기능만 있으면 족하다고 생각했다. 또 감사하게도 리스트를 만들 때는 종이와 연필이 있지 않는가.

하지만 남편의 핀잔을 수없이 듣고 마침내 아이폰으로 바꿀 결심을 했고, 얼마 지나지 않아 내 생각이 완전히 잘못되었다는 것을 인정하지 않을 수 없었다. 이제는 스마트폰 없는 생활은 상상할 수조차 없다. 인생의 모든 것을 기록으로 남길 수 있고, 짧은 시간에 많은 일을 할 수 있도록 도와주는 스마트폰은 경이로움 그 이상이다.

나는 여전히 리스트를 손으로 쓴다. 하지만 생산성을 보완하는 도구로 디지털 리스트나 앱의 필요성이 한층 절실해진다. 디지털 스마트 펜을 만드는 기업 라이브스크라이브Livescribe에서 의뢰해 포레스터 리서치에서 진행한 연구에 따르면 전문직 종사자들은 노트북과 태블릿 PC를 업무에 이용하지만 이들 중 87%는 여전히 손으로 쓰는 메모를 병행한다고 한다.

리스트 만들기 작업을 최신 테크놀로지로 옮기는 데는 장점과 단점이 있다. 여기서 몇 가지를 짚어본다.

❶ 장점

- **동기화가 가능하다**　앱은 대부분 다양한 플랫폼에서 사용할 수 있기 때문에 언제 어디서나 리스트에 접근 가능하다. 다시 말해 데스크톱의 한 웹 사이트에 리스트를 만들면 사무실 밖에서나 장을 볼 때도 언제 어디서든 똑같은 리스트를 스마트폰으로 볼 수 있다.
- **분실할 염려가 없다**　종이에 적은 리스트의 가장 큰 문제점 중 하나는 잃어버릴 수 있다는 것이다. 그런 염려는 그만! 디지털 기술을 이용하면 리스트를 얼마든지 오랫동안 보존할 수 있다.

- **리스트로 되돌아가기가 쉽다**　버킷 리스트든, 짐 싸기 리스트든 일단 만들었는데 정작 어느 노트에 적었는지 잊어버리는 수가 간혹 있다. 하지만 디지털 리스트를 만들면 찾는 것이 훨씬 쉽고, 재검토하거나 사용하는 데도 편리하다.
- **검색이 쉽다**　언제 어디서 리스트를 만들었든 쉽게 찾아낼 수 있다. 또 몇 번이고 불러올 수 있는 것이 디지털 기록이다.

❷ 단점

- **손 글씨는 뇌 기능을 자극한다**　손 글씨를 쓰는 것은 쉬우면서도 대단히 효과적이며 훌륭한 두뇌 훈련법이다. 여러 연구 결과를 통해 손 글씨를 쓰는 것이 생각을 표현하는 데 도움을 주며, 정교한 운동 기능을 향상시킨다는 사실이 밝혀졌다. 또 중·노년층 뇌의 노화 속도를 늦춰준다.
- **테크놀로지에 압도된다**　나 역시 같은 생각을 한 사람이기 때문에 이 점은 크게 공감한다. 단순히 필요할 때 적으면 그만인 일을 왜 굳이 앱을 다운받아야 하는가?
- **창의력이 떨어진다**　메모를 하거나 리스트를 만들 때 표를 만들고 그림이나 도표를 그려 넣는 것이 간단하지만 디지털로는 어려울 수 있다.
- **좋은 앱을 찾는 것이 숙젯거리가 된다**　모든 앱이 내게 도움이 되는 것도 아니고, 내가 좋다고 해서 남에게 다 좋은 것도 아니다.

비결은 일단 이것저것 써보고 나에게 가장 활용도 높은 앱을 찾아내는 것이다. 이 과정은 시간이 많이 소모되고 때로는 좌절에 빠지게 만들기도 한다. 하지만 딱 맞는 앱을 찾는다면 눈에 띄게 인생이 편리해진다.

이 같은 장단점이 있지만 단점은 얼마든지 극복할 수 있다. 물론 종이와 펜을 아직 포기할 필요는 없다. 얼마든지 디지털과 전통적 방식을 함께 병행할 수 있으며, 다만 디지털로 옮겨가는 것에 장점이 있다는 것을 말하고 싶을 뿐이다. 디지털 라이프 전문가 칼리 노블로치는 디지털 사용으로 주부로서 그녀의 생활에 일대 변화가 생겼다고 고백하였다.

"머릿속을 떠다니며 붙잡지 않으면 어디론가 사라질 수많은 생각을 잡아둘 곳이 생겼죠. 사실 우리의 생활은 너무 많은 일이 연속적으로 벌어지고 또 숨 돌릴 겨를 없이 밀려오잖아요."

투두 리스트도 디지털로

투두 리스트 관리 앱이 오로지 '노트' 타입만 있는 것은 아니다. 앱을 잘 쓰는 비결은 일단 다양하게 사용해보고 나의 리스트 만들기에 적합하고 생활에 편리한 것을 찾아내는 것이다. 어떤 앱은 상기시키는 기능이 뛰어나고, 어떤 앱은 동료와 공유하기 편리하며, 또 다른 앱은 해야 할 항목을 완수할 때까지 활용도가 높다. 이런 다양한 기능 중에서 자신에게 맞는 것을 하나 골라보자. 다음에는 내가 좋아하는 앱을 몇 가지 소개한다.

❶ 에버노트 Evernote

단 하나의 앱만 다운받아야 한다면 주저 없이 에버노트다. 4장에서 언급했지만 에버노트는 다른 사람과 함께 일할 때 공동 작업의 효율을 높여주어 대단히 유용하다. 물론 혼자 작업하기에도 더할 나위 없다. 회사에서 업무상 지출을 관리하거나, 아이들 생일 파티를 준비할 때 에버노트의 다재다능함은 일품이다.

스마트폰 앱을 다운받아 쓰는 것뿐 아니라 웹 사이트인 Evernote.com에 로그인하면 데스크톱, 노트북, 태블릿 PC 어디서든 쓸 수 있다. 에버노트는 클라우드 기반 시스템으로 메모, 사진, 웹 사이트 스크랩, 심지어 오디오 파일 등 저장하고 싶은 것을 무엇이든 보관할 수 있다. 에버노트의 광팬인 한 친구는 에버노트를 '사고의 연장'이라고까지 부른다. 나 역시 이 표현에 동의하는 바이다. 놓치면 안 되지만 자칫 잊어버릴 수 있는 것은 무엇이든 에버노트로 간다. 이를 바탕으로 아이디어를 정리한 만능 노트를 만들 수 있다. 나의 에버노트 활용법을 살짝 소개한다.

- **개요와 아이디어**　블로그 포스트 소재, 취잿거리, 저술 작업 등의 아이디어는 대개 예상치 못한 때와 장소에서 불현듯 머릿속에 떠오른다. 그러면 이제는 스마트폰을 꺼내 바로 에버노트를 열고 생각난 것을 무엇이든 적어놨다가 나중에 챙겨 본다. 출퇴근하면서 원고 얼개나 블로그 포스트를 짜놓으면 컴퓨터 앞에 앉았을 때 훨씬 능률적으로 일을 진행할 수 있다.
- **웹 클리핑**　에버노트에는 웹 페이지를 저장해놓을 수 있는 아주

훌륭한 기능이 있다. 지금 서치하는 레시피나 기사, 선물 아이디어 등을 한곳에 모아두고 언제든 참고할 수 있다(윈도우 PC에서는 http://evernote.com/intl/ko/webclipper에서 확장 프로그램을 설치해야 하며 무료이다. 스마트폰으로는 에버노트 클리퍼 앱을 내려받아야 하며 대부분 유료이다.-편집자 주).

- **휴가 계획과 장소 조사**　휴가 계획을 세울 때도 에버노트에서 작업한다. 에버노트는 체계적인 정리 시스템을 제공하므로 모든 기록을 보관할 수 있다. 에버노트의 개인 계정에 메일을 보내면 각종 기록, 여행 정보, 여행 일정 등이 자동으로 저장된다. 이 모든 정보를 일종의 폴더 같은 기능의 '노트북'에 넣어두면 여행하는 동안 쉽게 꺼내 볼 수 있다. 노트북은 스마트폰에 저장할 수 있으므로 인터넷이 연결되지 않는 환경에서도 문제없다.

　또 에버노트에 별도의 '노트북'을 하나 만들어 휴가 장소, 리조트 등을 비교할 수 있게 해놓고 언제든 꺼내 보며 참고한다. 예컨대 남편과 나는 매년 11월 따뜻한 곳을 찾아 떠나는데, 그때마다 여러 장소를 수없이 조사한다. 리조트마다 장단점을 적고 코멘트를 달아 에버노트에 저장해두면 다음 여행 계획을 짤 때 처음부터 모든 것을 다시 시작할 필요가 없다.

- **인터뷰 기록**　대화나 연설 기록을 남길 때도 에버노트에 바로 할 수 있다. '오디오 녹음' 기능인데 대단히 쓸모가 있다. 회의에 참석하였다면 메모를 할 수 있겠지만 심플하게 녹음하는 방법

도 있다. 때로 스카이프로 인터뷰를 하는데 오디오 파일을 에버노트에 저장해둔다. 또 기존의 MP3 파일 역시 갈무리하고 싶은 노트에 드래그해서 저장할 수 있다.

- **패스워드** 사용하는 모든 패스워드를 에버노트의 노트 한곳에 보관해두면 번번이 패스워드를 잊어버리는 사태를 방지할 수 있다. 보안을 원한다면 이 노트에 패스워드를 걸어놓는다.

- **노트 만들기** 콘퍼런스에 참석할 때마다 필요한 문서를 바로바로 작성한다. 발표자의 사진을 찍거나, 녹음할 수 있고, 거기에 내용을 기록할 수도 있다. 모임 중에 중요한 누군가를 접촉했을 때는 별도의 리스트를 만들어두고 콘퍼런스가 끝난 뒤 따로 챙겨야 할 것을 추린다. 에버노트로 이처럼 많은 작업의 관리가 가능하다.

- **리스트 보관** 나는 몇 개의 투두 리스트나 레스토랑 리스트 등을 에버노트에 보관한다. 하지만 그것 말고는 일의 성격에 따라 정해놓고 쓰는 앱이 따로 있다.

- **크리스마스 선물 쇼핑** 이것이야말로 내가 에버노트를 지속적으로 활용하는 일 중 하나이다. 나는 매년 8월에 크리스마스 선물을 줄 사람들 리스트를 만든다. 이때 이전에 생각해둔 아이디어를 같이 적어 넣거나, 아이디어가 떠오를 때마다 리스트에 추가 기입한다. 에버노트는 리스트에 있는 사람들을 한눈에 파악하기 편하고, 준비가 끝난 사람은 완료 표시를 할 수 있다. 또 웹

에서 눈에 띄는 기사를 스크랩해두어 1년 내내 선물 아이디어를 활용한다. 사야 할 선물이 마땅치 않을 때 에버노트의 노트북을 열어보고 영감을 얻는다.

에버노트 100% 활용을 위한 팁

사람들이 내게 자주 하는 말이 에버노트를 다운받아놨지만 좀처럼 쓰지 않는다는 것이다. 나도 다 이해한다. 실제로 에버노트를 잘 활용하려면 처음에는 얼마간의 연습이 필요하다.

자주 사용한다　사용하면 사용할수록 에버노트는 유용해진다. 일단 내 말을 믿어보시길. 에버노트 안에 저장한 '노트'는 휴대전화에 붙여둔 포스트잇과 달리 영원히 보관된다. 몇 주 전에 만든 투두 리스트를 얼마든지 불러와 다시 볼 수 있다. 이곳에 두면 어떤 항목도 누락되지 않는다. 써보면 무슨 말인지 이해할 것이다.

스크랩한다　저장하고자 하는 모든 것을 스크랩할 수 있다는 것은 에버노트 제2의 천성이다. 이 기능을 통해 나중에 읽고 싶은 기사나 지원하고 싶은 기업, 엄마에게 드릴 크리스마스 선물 아이디어 등 뭐든지 보관할 수 있다. 모든 웹 사이트에서 스크랩 기능이 적용되며, 여기에 뭔가를 적어두거나 태그를 다는 것이 쉽기 때문에 나중에 찾아보기도 편리하다.

공유한다   에버노트를 공동 작업에 활용하는 방법은 한계가 없다. 행사를 계획하는데 어떻게 할지 전혀 감이 잡히지 않는다면 우선 아이디어를 모으는 폴더를 하나 만든다. 그리고 참가하는 여러 사람이 함께 아이디어를 보태고, 동시에 각자의 아이디어에 좋다거나 나쁘다는 의견을 첨부하도록 한다. 웹 클리퍼를 이용하면 아주 간단하다. 여러 부서가 함께 공동 프레젠테이션을 준비할 때나 몇몇 가족이 휴가 계획을 짤 때와 같이 무언가를 함께 할 때 사용할 것을 권한다.

메일을 이용한다   에버노트 계정을 받으면 개인 메일 주소가 함께 나온다. 메일을 사용하면 시간을 꽤 절약할 수 있을 것이다. 예를 들어 물건을 구매한 영수증처럼 기록해두고 싶은 것이 있으면 촬영해서 에버노트에 메일로 전송한다. 자동적으로 저장되어 이후 필요할 때 찾아보기 편리하다.

나는 기부금, 단체 가입 회비 등을 이런 방식으로 처리한다. 메일로 납부 확인 영수증이 오면 이를 에버노트의 메일로 전송하여 그해의 세금 공제 항목에 보관해둔다. 이로써 모든 것을 한 곳에 깔끔하게 모아둘 수 있다.

❷ 원더리스트 Wunderlist

투두 리스트나 일반 리스트를 정리하기 아주 좋은 앱이다. 특히 마트나 드러그스토어에 들를 때 이 앱을 사용한다. 매장에 가면 눈에 띄는 물건이 너무 많아 한눈팔기 십상인데, 이 앱을 쓰면 찾아온 본래의 목적에 충실하게 된다. 짧은 리스트를 만들 때도 유용하다. 아주 간단하지만 모든 점에서 아이폰의 노트 앱보다 낫다.

❸ 애니두 Any.do

이 앱도 내가 좋아하는 것 중 하나다. 캘린더 기능이 있어 마감 설정이 간편하며, 누군가를 초대해 일이 완료되기까지 함께할 수도 있다. 투두 리스트 안에 메모를 적어 넣을 수 있는 것도 장점이다. 예컨대 '저녁 식사 준비'라는 항목이 있으면 그 안에 필요한 재료를 적어 넣을 수 있다. 칼리 노블리치는 이 앱이 자유 시간을 확인하는 데 도움이 되며, 더불어 그 자유 시간에 리스트에 있는 다른 과제를 수행할 수 있다고 귀띔한다. 하루를 관리하기 매우 편리한 툴이다.

❹ 투두리스트 Todolist

이 앱의 강점은 우선순위를 정할 수 있다는 것이다. 각각의 해야 할 일에 우선순위를 설정하고, 프로젝트별로 파일을 만들 수 있으며, 필요하면 하위 항목을 만들 수도 있다. 뛰어난 유연성 때문에 개인적으로 이 앱을 좋아한다. 심플한 것은 아니지만 그렇다고 지나치게 번잡

하지도 않다. Gmail이나 Outlook뿐 아니라 여러 온라인 서비스와 연동되므로 업무를 통합 관리하기에 효율적이다. 다양한 기능이 많지만 자신에게 잘 맞는 기능만 사용하고 나머지는 무시하면 된다. 리스트 만들기에 능숙한 사람뿐 아니라 초보자에게도 안성맞춤이다.

글을 마치며

자, 지금까지 리스트의 모든 것을 살펴보았다. 그럼 이제 무엇을 해야 할까? 우선 자신에게 가장 중요한 것이 무엇인지, 앞으로 나아갈 방향은 어떠한지 잘 살펴보자. 그리고 세부 실천 계획을 리스트로 짠다. 리스트는 '완수하는 습관'을 만들어줄 것이고, 이것이 각자의 꿈을 한 걸음씩 앞당겨줄 것이다.

❶ 리스트 만들기를 무조건 시작하라. 무슨 일이든 시작이 가장 어렵나. 나는 사람들에게 우선 버킷 리스트를 만들어보라고 말하곤 한다. 이 세상에서 자신을 가장 잘 아는 사람은 자기 자신이다. 돈, 시간, 책임감 등에 구애받지 말고 하고 싶은 것을 전

부 적어본다.

❷ 나에게 맞는 도구를 찾아라. 처음에는 쉽지 않겠지만 나를 믿어보라. 공책, 앱, 연필, 펜 등 다양하게 시도해보자. 그 결과 나에게 가장 잘 맞는 한 가지를 정할 수 있을 것이다.

❸ 리스트를 많이 만들든, 적게 만들든 상관없다. 누군가를 따라 할 필요도 없으며 나의 라이프스타일에 맞춰 만들면 된다. 부담 갖지 마라.

❹ 나의 사이트를 방문해 리스트 만들기의 영감을 얻어보시길. -ListProducer.com

❺ 나의 사이트에 리스트 만들기를 시작할 때 필요한 도구를 모아두었다.

ListProducer.com/ListfulThinkingGuide에서 무료로 다운받을 수 있는 것을 챙겨보자.

❻ 질문이 있거나 어려움이 생기면 나에게 연락하시라. 그냥 인사만 남기셔도 상관없다. paula@listproducer.com

LIST INDEX

책에 등장한 리스트를 색인으로 모았다. 나의 리스트 만들기 여정은 집 구하기 체크 리스트부터 시작되었다. 이 체크 리스트야말로 공유해야 한다고 생각한다. 도움이 될 만한 항목으로 자기에게 맞게 고칠 수도 있을 것이다. 리스트를 만들 때 참고하기 바라며 그 밖에 더 많은 리스트를 보고 싶다면 꼭 나의 사이트(ListProducer.com)를 방문해보시길.

집 구할 때의 체크 리스트

☐ 주소(몇 층인지 확인)

☐ 연락처(중개업소)

☐ 계약 기간

☐ 매매가 또는 임대료

☐ 입주 가능일

☐ 크기

☐ 방/욕실 개수

☐ 빌트인 가전제품

☐ 붙박이장 개수

☐ 전기/가스/수도 시설

☐ 바닥재(나무/카펫)

□ 벽지와 페인트 상태

□ 옥외 공간(베란다)

□ 경비 시설(방범창 포함)

□ 주차 시설

□ 관리비

□ 일조량(방향)

□ 애완동물 사육 가능 여부

□ 대중교통

□ 교육 시설

□ 편의/의료 시설

□ 소음

□ 전망

여행 짐 싸기 리스트

앱 종류

□ Trip Advisor(레스토랑 검색할 때)

□ Google Maps(어디로 가야 할지 알려준다)

□ The Weather Channel(이곳에 여행지를 일러두면, 비 맞을 일은 없을 것이다)

□ Evernote(여행 일정, 저장해둔 노트, 지시 사항 등 모든 것을 이곳에 두라)

□ TripIt(예약 확인 번호나 하루 시간표 보관)

돈/서류

- ☐ 여권(여권 기한 6개월 이상 확인)
- ☐ 비행기 티켓(e-Ticket 확인증)
- ☐ 환전한 현금
- ☐ 국제 운전면허증
- ☐ 응급 상황 시 연락처
- ☐ 여행 일정표
- ☐ 현지 유심 또는 포켓와이파이
- ☐ 명함

의복 및 액세서리

- ☐ 편한 옷
- ☐ 수영복
- ☐ 속옷
- ☐ 선글라스
- ☐ 모자
- ☐ 가볍고 부피가 작은 편한 워킹화
- ☐ 가벼운 방수용 재킷
- ☐ 접이식 우산
- ☐ 포켓이 많이 달린 크로스 백
- ☐ 비행기에서 덮을 캐시미어 숄
- ☐ 만찬을 위한 작고 심플한 손가방
- ☐ 슬리퍼(또는 아쿠아 슈즈)

전자 제품

- ☐ 휴대전화 · 충전기
- ☐ 디지털카메라 · 배터리 · 메모리 카드
- ☐ 헤드폰
- ☐ 태블릿 PC와 키보드
- ☐ 전압 변환 어댑터

화장품류

- ☐ 자외선 차단제
- ☐ 화장품
- ☐ 기내에서 수분을 공급하기 위한 미니 미스트
- ☐ 미니 립밤
- ☐ 고체 향수
- ☐ 세면도구
- ☐ 헤어 스타일링 제품

구급약

- ☐ 항생제 연고
- ☐ 지사제
- ☐ 반창고
- ☐ 벌레 퇴치제
- ☐ 모기약

- ☐ 진통제
- ☐ 멀미약(알약 혹은 패치)
- ☐ 다리 부기와 피로를 풀어주는 파스

그 밖의 것들

- ☐ 압축 비닐
- ☐ 에어 목 베개
- ☐ 펜과 작은 메모장
- ☐ 호텔 방에 뿌릴 소형 천연 항균 스프레이
- ☐ 예비용 지퍼 백
- ☐ 기내용 안대
- ☐ 낱개 포장된 물티슈

쓰는 대로 이루어진다
리스트 습관

초판 1쇄 발행 2017년 2월 10일

지은이 폴라 리조
옮긴이 곽소영
펴낸이 명혜정
펴낸곳 도서출판 이아소

등록번호 제311-2004-00014호
등록일자 2004년 4월 22일
주소 04002 서울시 마포구 월드컵북로5나길 18 1012호
전화 (02)337-0446 **팩스** (02)337-0402

책값은 뒤표지에 있습니다.
ISBN 979-11-87113-09-6 03320

도서출판 이아소는 독자 여러분의 의견을 소중하게 생각합니다.
E-mail: iasobook@gmail.com

이 도서의 국립중앙도서관 출판예정도서목록 (CIP) 은 서지정보유통지원시스템 홈페이지
(seoji.nl.go.kr) 와 국가자료 공동목록시스템 (www.nl.go.kr/kolisnet) 에서
이용하실 수 있습니다 . (CIP 제어번호 : CIP2017000952)